JN310383

東チモール
未完の肖像

青山森人　Aoyama Morito

社会評論社

東チモール　未完の肖像＊目次

第三部　危機勃発　シャナナ連立政権の発足

おわりに　215

東チモール民主共和国

13地方（●首都）

［東チモールの行政区］

●全国13の地方（Distrito）があり，
13の地方が65の準地方（Sub-Distrito）に区分され，
さらに合計442の町村（Suco）に細分化される。

（※）アタウロ島はデリ地方に，
ジャコ島はラウテン地方に，
それぞれ属す。

本書に登場する主な組織名や人名について

●**ASDT** = Associação Social Democrata de Timor
= チモール社会民主協会

●**FRETILIN** = Frente Revolucionária de Timor-Leste Independente
= 東チモール独立革命戦線
（フレティリン，フレテリン，本書ではフレテリンと記す）

（※）ASDT は，FRETILIN の前身としての ASDT と，現存する ASDT の二種類あり，名前はまったく同じだが，中身は異なる。

●**CNRM** = Conselho Nacional da Resistência Maubere
= マウベレ民族抵抗評議会

●**CNRT** = Conselho Nacional da Resistência Timorense
= チモール民族抵抗評議会

●**CNRT/CN** = CNRT/Congresso Nacional
= チモール民族抵抗評議会／国民会議

●**CNRT** = Congresso Nacional de Reconstrução de Timor-Leste
= 東チモール再建国民会議

（※）CNRM の「M」が表す「マウベレ」とはこの場合，東チモール人（男子）を意味する。CNRM を前身とする CNRT（評議会）はすでに解散，後者 CNRT（再建国民会議）は現存する政党。前者 CNRT は解散するまえに CNRT/CN と少し改称した。なお，前者 CNRT の「T」は「チモール」（正確には［チモールの］あるいは［チモール人の］）と「東」は入らないが，後者 CNRT の「T」は「東チモール」と「東」が入る。

●**FALINTIL** = Forças Armadas para a Libertação Nacional de Timor-Leste
= 東チモール民族解放軍
（ファリンティル，ファリンテル，本書では主に解放軍，引用のなかではFALINTILと記す）

●**F-FDTL** = FALINTIL—Forças de Defesa de Timor-Leste
= FALINTIL—東チモール防衛軍
（本書ではF-FDTL，あるいは意訳して国防軍と記す）

（※）FALINTIL が国防軍へ改組された当初は FDTL だったが，すぐに F-FDTL と改称。

●**PNTL** = Polícia Nacional de Timor-Leste
= 東チモール国家警察

以上，アルファベットはポルトガル語。人名もポルトガル語としてカタカナ表記する。例えば，Xanana Gusmão はシャナナ=グズマンと「グスマン」でなく「グズマン」と，あるいは José Ramos Horta はジョゼ=ラモス=オルタと「ホルタ」ではなく「オルタ」とする。また，本書では東チモールの慣例に従って，例えば「グズマン大統領」ではなく「シャナナ大統領」と，ジョゼ=ラモス=オルタ大統領の場合は「ラモス=オルタ大統領」と書く。

東チモールにおける国連の展開

UNAMET	United Nations Assistance Mission in East Timor ＝国連東チモール支援団（通称・ウナメト）
1999年5月〜10月	国連事務総長特別代行（以下，代表）・イアン＝マーチン
UNTAET	United Nations Transitional Administration in East Timor ＝国連東チモール暫定統治機構（通称・ウンタエト）
1999年10月〜2002年5月	代表・セルジオ＝ビエイラ＝デ＝メロ
UNMISET	United Nations Mission of Support in East Timor ＝国連東チモール援助団（通称・ウンミセト）
2002年5月〜2004年5月	代表・カマレシュ＝シャルマ
2004年5月〜2005年5月	代表・長谷川祐弘
UNOTIL	United Nations Office in Timor-Leste ＝国連東チモール事務所（通称・ウノティル）
2005年5月〜2006年8月	代表・長谷川祐弘
UNMIT	United Nations Integrated Mission in Timor-Leste ＝国連東チモール統合派遣団（通称・ウンミト）
2006年8月〜2009年12月	代表・アトゥル＝カレ
2010年1月〜	代表・アメエラ＝ハク

東チモール政府と首相

第一次政府	
2002年5月～2005年7月	マリ＝アルカテリ首相
第二次政府	
2005年7月～2006年6月	マリ＝アルカテリ首相
第三次政府	
2006年6月～2007年5月	ジョゼ＝ラモス＝オルタ首相
2007年5月～2007年8月	エスタニスラウ＝ダ＝シルバ首相 （ラモス＝オルタが大統領になったため）
第四次政府	
2007年8月～	シャナナ＝グズマン首相

大統領

第一代大統領	2002年5月～2007年5月	シャナナ＝グズマン
第二代大統領	2007年5月～	ジョゼ＝ラモス＝オルタ

東チモール民主共和国の国旗

東チモール民主共和国の国歌—「祖国」（Pátria, パトリア）

Pátria, Pátria, Timor-Leste, nossa Nação.
Glória ao povo e aos heróis da nossa libertação.
Pátria, Pátria, Timor-Leste, nossa Nação.
Glória ao povo e aos heróis da nossa libertação.

Vencemos o colonialismo, gritamos;
Abaixo o imperialismo.
Terra livre, povo livre,
Não, não, não a exploração.
Avante unidos firmes e decididos.
Na luta contra o imperialismo,
O iminigo das povos, até à vitória final,
Pelo caminho da revolução.

祖国，祖国，東チモール，われわれの国
人びとと自由の英雄に栄光を
（最初の二行の繰り返し）
われわれは植民地主義に打ち勝ち，こう叫ぶ
打倒，帝国主義
自由な土地，自由な人びと
搾取は否，否，否
進め，堅固で断固たる団結だ
人びとの敵である帝国主義への闘いのなかで
最後の勝利まで
革命の道を歩んで

（原文はポルトガル語）

はじめに

東チモール（東ティモール、本書では東チモールと表記）とこんにち呼ばれる地域が複数の小王国から成り、中国人やアラブ人と白檀などの貿易で栄えていた約五〇〇年前、いわゆる「大航海時代」の先駆者ポルトガルがこの地域に到達したことから、東チモールはポルトガルとキリスト教の影響下にはいっていった。その後、世界の列強が市場獲得の抗争を繰り広げるなか、すでに力を失っていたポルトガルの支配下にあった東チモールは世界大戦に巻き込まれることのない中立地域のはずであったが、一九四一年一二月に連合軍が東チモールに駐留したことから、これに反発した日本軍は一九四二年二月から敗戦までの三年半のあいだここを占領した。これによる被害は未だに正確には調査されていないが、万単位の東チモール人が死んだといわれる。

第二次世界大戦後、ヨーロッパ植民地支配をうけていた国ぐにが次々と独立していくなかで、とり残されたように放置されていたのがポルトガル植民地であった。これには東チモールとアフリカ五ヶ国が含まれる。イギリスやフランスなどの植民地大国は新植民地主義と呼ばれる形態をとりながら間接支配をする経済力をもっていたが、独裁政権下にあった低開発国ポルトガルはそのような経済力はなく、非植民地化の道を歩むことはできなかった。したがって独立を願うポルトガル領のアフリカ人は最後の手段として過酷な武装闘争を選択せざるをえなかった。その背景にはアフリカ人を殺すために最新式の戦闘機をポルトガルに使用させるＮＡＴＯ（北大西洋条約機構）の存在があった。

しかしアフリカにおける勝てない戦争はポルトガル国内を大きくゆさぶり、ついに一九七四年四月二五日、ポルトガル独裁政権は崩壊した。こうしてポルトガル植民地はそれぞれ独立にむけた交渉の機会を獲得し、東チモール人もポルトガルの制限をうけない政治運動ができるようになった。

東南アジアの東チモールの場合、超大国・アメリカ合州国の支援をうけるスハルト独裁体制のインドネシアが隣国にあった。ポルトガルから独立する段取りをつけたかった東チモール人はインドネシアの妨害をうけて、内戦に陥り、無責任にもポルトガル政庁は逃げ去り、アメリカのお墨付きをうけたインドネシア軍は一九七五年一二月七日、東チモールを全面侵略、翌年にインドネシア政府は併合宣言をしたのである。

ポルトガルは施政国としての自国の立場を主張し、インドネシアの武力併合を認めない国連もこの立場を擁護しつづけた。東チモールにおけるインドネシアの主権を承認したのはオーストラリアぐらいである。しかしスハルト体制を利権絡みで支援する欧米大国と日本をまえにして、国連とポルトガルは実質的には無力であった。わずか一万五千平方キロメートルの東チモールは大インドネシア軍に丸ごと〝拉致監禁〟されたかたちとなり、自由を求める東チモール人の声はことごとく封殺されてしまった。こうして東チモール人自身の意志と宗主国ポルトガルの主張と国連の原則が大国の力で押さえ込まれ、東チモールとはポルトガル植民地なのか、インドネシアの州なのか、それとも独立すべきなのか……帰属問題は無視されつづけた。

一方、世界に見捨てられたなかで自由を求める東チモール人は気の遠くなる忍耐強さで抵抗をつづけた。東チモールは、カイ=ララ=シャナナ=グズマンを最高指導者とする解放組織のもと、諸勢力の統一をはかりながら、インドネシア軍の存在は不当であり、「東チモール問題」とはインドネシアの国内問題ではなく国際問題であるとし、国連が仲介役となって問題を解決するよう国際社会へ訴えていった。

シャナナ=グズマン率いる解放運動は民衆を動員し闘争に参加させ、国内では地下戦線と武装戦線、海外では外交戦線を確立させ、インドネシア軍に抵抗するものであった。一九九一年一一月、東チモールの首都デリ（Dili、ディリ、本書ではデリと表記）で決行された五〇〇〇人規模の平和行進によって大衆運動は最高潮に達したが、インドネシア軍は無差別発砲でこれに応えた。有名な「サンタクルス墓地の虐殺」である。翌年にはシャナナが潜伏先でインドネシア軍に捕まってしまう。解放闘争は弱体化してしまった。

だがシャナナの後継者ニノ=コニス=サンタナが解放組織を再編成させ、闘争は続いた。地下戦線はサバラエに強化され、デビッド=アレックスはゲリラ戦でインドネシア軍を翻弄し、東チモール人の声は「沈黙の壁」の隙間から海外に漏れインドネシア軍の残虐行為を告発していった。少しずつではあるが「東チモール問題」は国際的に認知されるようになっていったのである。

ところがサバラエが一九九五年、デビッド＝アレックスは一九九七年、それぞれインドネシア軍に捕まり、おそらくは殺されたであろうが、消息を絶ってしまった。そしてコニス＝サンタナも一九九八年に死んでしまう。指導者たちが次々と倒れ、多数の住民が殺害・拷問されていくなかで、ゲリラ生え抜きのタウル＝マタン＝ルアク司令官が闘争の指揮をとり、東チモールは試練に耐えていった。

インドネシア国内にも大きな変化が現れた。一九九八年五月、独裁者スハルトがインドネシア大統領の座から退いたことから、タブー視されていた「東チモール問題」の存在がインドネシアでも公のものとなり、ジャカルタの刑務所で囚われの身となっていた最高指導者シャナナの声がじかに国際社会に届くようになったのである。

一九九九年一月、オーストラリ政府が東チモールにおけるインドネシアの主権を認めながらも、帰属問題に決着につける住民投票の実施を支持すると発表した。このオーストラリアの対東チモール政策変更が転機となって、東チモール情勢は激変していった。

そしてついに一九九九年八月三〇日、東チモールの帰属問題に決着をつけるべく国連監視下で住民投票が実施された。インドネシアの自治領となるか、否か、を東チモール人が選択する住民投票である。「否」は独立を意味する。つまりこれは、独立か、インドネシア領の一部になるかの天下分け目の大決戦であった。

一九九九年九月四日、結果が発表された。有権者約四五万人、投票率九八・六％、有効投票数のなかで独立票が七八・五％、自治票が二一・五％、全体投票数のうち無効投票数が一・八％、独立を願う東チモール人の勝利である。

国際社会はこの結果を受け入れ、東チモールの抵抗運動の最高機関ＣＮＲＴ（チモール民族抵抗評議会）は、その前身ＣＮＲＭ（マウベレ民族抵抗評議会）のころから目指してきた「国際社会に認められるかたちでの自決権獲得」が現実のものとなった。

だが、二四年間も東チモールで軍事活動を展開してきたインドネシア軍はこの住民投票の結果に反発し、準軍たる民兵組織を隠れ蓑にして、これまで以上の大規模な破壊活動をまさに開始せんとしていた。最高指導者シャナナは投票結果が発表された日、声明を発表したが、独立を選択したことにたいするインドネシア軍の報復をまえにしてその表情に笑みはなかった。シャナナは、新たな民族殲滅から東チモール人を守るため多国籍軍派遣を即時決定するよう国連事務総長に訴えてその声明をしめくくったのである。

ときほぼ同じくしてニュージーランドのオークランドで開催されていたＡＰＥＣ（アジア太平洋経済協力会議）の場では、東チモールで荒れ狂う民兵の暴力と国際軍派兵の可能性が話題となった。アメリカに経済制裁をちらつかされたインドネシアのハビビ大統領は、東チモールへの国際軍派遣を承諾した。一九九九年九月一二日のことである。一九七五年一二月、インドネシアに東チモール侵略を許可したのがアメリカなら、侵略の終わりを指示したのもアメリカであった。

一九九九年九月二〇日、オーストラリア軍を中心とする「東チモール国際軍」と呼ばれる多国籍軍の第一陣が東チモールに上陸した。しかしすでにインドネシア軍や民兵組織は破壊と略奪のかぎりを尽くしてしまったあとである。さらに、およそ八〇万の住民のうち、なんと二五万から三〇万もの人びとが東チモールからインドネシア軍によってインドネシア領に連行されたのである。

*

一九九九年九月下旬、わたしは、二五万人以上もの東チモール人難民がいるといわれるインドネシア領西チモールへ飛んだ。

第一部　民主主義の演出

国連統治下の東チモール

［上］海上ホテルから望むUNTAET（国連東チモール暫定統治機構）本部（のちの東チモール政府庁舎）。人びとが集い，住民投票から１年目を祝う。2000年８月30日。
［下］解放闘争の最高指導者・シャナナ=グズマン（中央）。2000年８月20日，アイレウにて。

西チモールの難民キャンプをゆく

一九九九年九月から一〇月にかけて、わたしはインドネシア領西チモールのクーパン（Kupang クパン、本書ではクーパンと表記）からアタンブアまで、東チモール人が避難する難民キャンプをたずねた。食べごろのマンゴーが売られる季節である。

東チモールの帰属問題に決着をつける住民投票が一九九九年八月三〇日に実施された結果、東チモールはインドネシア領案を拒否し独立が決定した。その報復としてインドネシア軍の陸軍特殊部隊がつくった民兵組織は、国連監視団やジャーナリトなどの外国人を追い出し、建物を破壊し民家に火を放ち、東チモールを騒乱状態におとしいれた。大勢の東チモール人がこの騒乱のためにインドネシア領に避難した。正確にいうならそれは強制連行であった。その数は二五～三〇万といわれる。主な〝避難先〟はここ西チモールである。

小スンダ列島最東端にあるのがチモール島、その東半分と、西半分の一部を占めるオイクシと呼ばれる飛び地が東チモールの領土、それ以外が西チモールである。インドネシア政府にとって東チモールは一九七六年七月から二七番目の州であった。西チモールはチモール島以外の小スンダ列島も含んだ東ヌサトゥンガラ州に属しており、この州の首都は西チモール最大の都市クーパンである。西チモールは四つの行政区に分けられる。東からあげていくとまず東チモールと接す

アタンブアの町なかで埃にまみれたキャンプ生活をする東チモール人難民，1999年9月。

るベル地区、チモール北中央区、チモール南中央区、そしてクーパン地区である。

一九九九年一〇月初旬の情報を総合すると、ベル地区の東チモール人難民数は約一四万人、チモール北中央区に約三万人、クーパン地区に約八万人である。最大数の難民を抱えるベル地区の中心地アタンブアだけで三万七〇〇〇人、地元住民の人口より一万人も上回る数字である。地元の難民調査機関によれば、ベル地区における難民の五二％が女性で、このうち妊婦または乳幼児をかかえた女性が三〇％を占める。また、〇～五歳児が一二％、五～一五歳児が三一％、それ以外が五七％である。

わたしがベル地区の主都アタンブアをたずねたときはベル地区の難民数が一三万七〇〇〇人であったが、数日後には一四万二〇〇〇人になった。インドネシア軍が難民を移動させているから数字が変化するのである。

アタンブアの難民キャンプは、大・中・小さまざまな規模のものが郊外から町の中心部までいたるところに設置されていた。町内のちょっとした広場や家と家の空き地などにあちらこちらに散在している小キャンプは埃にまみれ悲惨の一言、道路沿いの空き地でテント生活をする東チモール人たちはまるで棄民だ。道路わきの難民キャンプをわたしが訪問している最中、向こうの建物から男たちがじっとこちらを観察していた。たぶん民兵だ。

わたしがこうして難民キャンプを訪問できるのもアジア人であるおかげである。東チモールの騒乱を鎮めるためオーストラリア軍中心の多国籍軍が派遣されたことから、白人はインドネシアに戦争をしかけたオーストラリア人とみなされ、民兵の襲撃の対象となる危険がある。いまこのとき多国籍軍は国境近辺に配備され、民兵あるいはインドネシア軍と睨みあっている。

いま民兵たちは国境方面へ移動し、チモール北中央区の主都ケファメナヌのホテルではジャワ出身のインドネシア軍兵士が宿泊している。多国籍軍との戦闘に備えているようだ。アタンブアの住民は不安を募らせ、ケファメナヌの医師たちはこれから忙しくなるぞと覚悟する。

難民キャンプとして利用されている建設途中のアタンブアのバスターミナルでは、いたるところに紅白のインドネシア国旗がこれ見よがしに掲げられ、東チモールがインドネシア自治領となることを支持したTシャツが、年齢・性別を問わず大勢の人たちに着られている。まるで御守りのようだ。御利益は民兵に襲われないこと。

アタンブアで最大といわれる難民キャンプに行くと、そこはスポーツスタジアムであった。競技場には仮説住宅が建設中で、便所と給水タンクの増設工事も、バスターミナルのキャンプよりも大規模におこなわれている。まるで隔離された村が製造されているようであった。

アタンブア郊外の閑静な林のなかにも難民キャンプがあった。こぢんまりとした中規模のキャンプだ。林と落ち葉の環境はこれまでの土と埃のキャンプより落ち着きがある。木と木のあいだにはられたロープに干されている洗濯物に迷彩服が多い。テントのなかには銃と軍用ブーツが目につく。女性がコーヒー豆を石で磨りつぶし、落ち葉の絨毯には「味の素」の袋があっちこっちに散乱している。生活の余裕すら感じられる妙な難民キャンプだ。民兵組織とその家族専用のキャンプのようだが、それはあくまでも表向き、本当のところはわからない。

チモール北中央地区は東チモールの飛び地オイクシ（インドネシア名はアンベノ）を囲んでいるため、主都ケファメナヌの難民キャンプにはオイクシからの難民が多い。そのケファメナヌの町内にも小さな難民キャンプがあちこちに点在する一方、郊外には約四〇〇〇人を収容するナイン＝キャンプと呼ばれる広い難民キャンプがあった。近くに川が流れ、難民はそこで身体を洗い、子どもたちは水浴びで歓声を上げていた。キャンプ入り口には軍と警察の詰め所がしっかりと設置されているが、かれらは昼になるとのんびり寝ていた。町からの商売人が難民相手に雑貨品や肉・魚などを売っている。一番人気を呼んでいる商品は下着だった。

オイクシから来た人びとで占められるこのナイン＝キャンプにも、アタンブア経由で東チモール〝本土〟から来た人もいる。わたしは二五歳の男性と親しくなった。ジョニーと名乗っているがおそらく仮名だろう。そのジョニーは最初のうちは明るい笑顔で、東チモールの首都デリの出身だが、いまケファメナヌに住んでいて家族がいるこのキャンプを訪ねているのだという。だが時間がたつにつれ話の内容が変わってきた。かれは東チモールの首都デリからトラックに乗せられてここまで運ばれてきた難民であった。デリでは何をしていたのかときくと、表情はきびしくなり、「学生です。でも秘密ですよ。誰にも言わないでください」。なぜですかと聞き返すと、「学生だと知れると殺されるから」という。インドネシア軍は東チモール人の知識人を探して殺しているというのだ。なぜ東チモールの山中に逃げないでこちらに来てしまったのかと質問すると、本当は近くの山に逃げたかったがあまりの騒乱状態でまったく時間がなく、仕方なかったと答える。多くの人たちが九月八日ごろこちらに連れて来られたという。

監視の目が光る環境ではニコニコと笑顔をふりまき、本当のことを告げる一瞬だけ、ひきつった真剣な表情を見せる――わたしが東チモールで幾度となく見てきた原風景である。それがいま西チモールで再現されているのだ。

オイクシから九月一三日にケファメナヌへ来た神父から、一〇月初旬、あるホテルの一室で話を聴くことができた。その神父の話をまとめるとこうになる。

オイクシの全人口は約五万八〇〇〇人、大部分がカトリック信者。住民投票のキャンペーンが終了した八月二八日から民兵組織の破壊活動がはじまった。民家や政府の建物が燃やされた。教会だけが対象外であった。その破壊活動は九月一一日に頂点を極め、一八日ごろまで続いた。民兵の目は薬のせいで赤かった。インドネシア軍は独立支持者の粛清名簿を作成していた。とくに学生などの若者たちが死の標的とされた。民兵たちは民家に放火するとき、まず中にいる住民を追い出したので、この破壊活動による大量虐殺は起きなかったようだが、民兵に抵抗した人は殺された。住民たちはオイクシから西チモールに避難せざるをえなく、ケファメナヌ方向へ、約三万人の住民が徒歩で山を越えなければならなかった。東西へのびる海岸線沿いに移動した者もいた。ＣＮＲＴの若い活動家約二〇〇〇人がオイクシに残った。かれらは山のなかで、インドネシア領に避難する家族と「自分たちは祖国に残って死ぬ」と告げて別れた。この若者たちが食料を求めて山から町へ降りると民兵に殺されてしまう危険がある。自分の目の前で建物に放火している二〇人ぐらいの民兵らは、四～五台の車で移動しながら我がもの顔をして好き放題の破壊活動をしていた。「どうして家を燃やすのですか」(神父)。「俺たちは政治のことはわからん。山から奴らが戻ってくれれば解決するんだ」(民兵)。「だったらそうふうに言えばいい」(神父)。「おまえはいま逃げたほうがいいぞ。俺たちの邪魔をしているからな。おまえが行ってしまえば俺たちはもっと自由に何でもできる」(民兵)。

このやりとりを再現しているとき、神父は興奮して涙声になった。軍や警察は「目を閉じてなにも見るな」と神父に忠告するだけだった。なお、「山から奴らが戻ってくれば」の「奴ら」というのは、山に逃げたCNRT活動家たちのことである。

一九九九年一〇月三日の日曜日、この神父が朝のミサを難民キャンプでおこなったとき、難民たちは泣いていたという。そして神父が子どもたちに「おとうさんはどこなの、おかあさんはどこなの」と聞いても、子どもたちは「わからない」と答えるだけであったという。

一〇月一八日、CNRTは多国籍軍にたいして早期にオイクシへ派兵するよう要請した。一〇月二二日、ようやく多国籍軍はオイクシに上陸し、この神父が語ったとおりの惨状が明らかになっていったのである。

いま季節は雨期に入る少し手前である。朝夕の寒暖の差が大きいので難民キャンプでは鼻汁をたらした子どもたちが目立つ。ケファメナヌの総合病院の関係者によれば、九月、四〇人ほどの東チモール人患者を検診し、そのうち四人が死亡。死んだのは民兵一名と脱水症状か栄養失調の三人の子どもであった。

ケファメナヌの病院に入院中の東チモール人の見舞いをわたしは許可された。オイクシの言葉であるダワン語を話せる女性の看護師が病室へ同行した。その病室には四台のベッドが置かれているだけで、ほかにはなにもない。二人の東チモール人のうち一人は病気でお腹の手術をした八歳の坊やである。術後の経過は順調で、両親がそばについていてくれているせいか表情は明るかった。

もう一人は足に被弾した一六歳の女の子である。彼女はケファメナヌの難民キャンプからきたのではなく、ウィニという村にある難民キャンプから運ばれた患者だ。ウィニとは、オイクシの海岸沿いから東側に少し移動したところに位置する。ちょうどわたしがウィニの難民キャンプを訪問したその日に、彼女の家族は民兵に襲撃され、四五歳の父親は死亡、この娘さんは足を撃たれ負傷した。さらに運が悪いことに、彼女の足の手当てをした地元保健所のインドネシア人医師が弾を摘出しようと過って動脈を切ってしまった。その場に居合わせた日本の医療支援団体の女性看護師は、「まるで蛇口から水が吹き出るように黒い血が流れ出た」といい、これまでの医療現場で見た最悪の光景だったと顔をしかめていた。大量出血をした彼女の容態が危ぶまれたが、何とかもちこたえ、ケファメナヌの病院に運ばれたのだ。

それから五日たったいま、彼女のすらりと伸びた美しいその右脚には軽く包帯が巻かれてあるだけだ。傷は快方に向かっているようだ。この病院の医師によれば、なんと弾は足を貫通していたという。動脈を切る危険を冒す必要はなかったのだ。ともかく傷は治りかけているのでなによりである。しかしもう退院できるにもかかわらず、彼女は脅えて病院から出ようとはしないという。母親と末っ子である一〇歳の弟が付き添っている。母親の年齢は三八歳というが、骨と皮だけの容姿はまるで老婆のようで、年齢に見合った若さを完全に失っていた。一〇歳の坊やはわたしの顔を珍しそうに見ている。

西チモール最大の都市クーパンの郊外にも大きな難民キャンプが三ヶ所あり、市内の難民は教会にひしめいていた。教会の敷地内にいるかぎり難民は安全だが、軍や警察が見回りにきたり、外からは民兵が様子をうかがっていたりで、東チモール人は怯えていた。

住民投票の実施を使命とした国連組織UNAMET（ウナメト、国連東チモール支援団）で働いていた東チモール人は、「国際社会が自分たちをこうして放ったらかしにしておくのは納得できない」とわたしに不満をぶつけた、なぜなら国連に協力した東チモール人が民兵の主な標的になっているからである。

それでも民兵らに直接囲われている難民キャンプとは違い、教会内の東チモール人は自由に話すことができ、表情は比較的明るい。念願の独立がすぐそこまで来ていることを静かに喜んでいた。

そう、東チモール人の難民は、いまのこの難局を乗り越えさえすれば、インドネシア軍のいない祖国、そして独立と自由が待っているのである。

新しい統治

明け方の五時ごろ、赤紫色のうっすらとした光のなかに映し出され、東チモール東部の地形が見えてきた。たぶんあの辺はバウカウだろう、甲板に立つ人たちが口々にいう。長く横たわったチモール島がゆっくりと明るく浮かびあがる光景は感動的だ。祖国に帰郷する東チモール人は泣いている。

一九九九年一二月初旬、オーストラリアのダーウィンからわたしはオーストラリア軍の高速船に乗り、インドネシア軍撤退後の東チモールに向かった。船による東チモール入りは初体験である。船からチモール島のでこぼこした地肌を横に眺めると、なるほどワニを連想させる。ワニがチモール島になったという伝説から、わたしたちはともすれば島を上からみた地形をワニの姿にしたてようとしがちだが、小舟で海を漂いながら島を横から眺めていた暇な人間がワニ伝説をつくったのではないだろうか。

さっそく首都デリを歩いてみることにする。治安警備に歩きまわる大勢のオーストラリア軍兵士、ひっきりなしに走っている多国籍軍のトラックにジープに装甲車、それに国連の車、頭上を飛ぶヘリコプター……、まさに東チモールは一変した。そして破壊跡のすさまじいこと。利用したことのあるレストラン、買い物したことのある店々、泊まったことのある宿泊所・ホテル、ゲリラと一緒に隠れた民家……、想い出の場所が変わり果てた姿となっていた。

大きな建物から一般の民家まで、広範囲にわたりよくここまで派手にブッ壊したものだと一瞥してまず感じる。民兵組織は火を放って破壊したものの、飛行機や戦車を使用したわけではない。手作業でこれだけ破壊するのは単なるゴロツキ集団のなせる業ではない。れっきとした軍事活動であったことが破壊跡から読み取れる。

破壊跡を見て歩くうちに、わたしの第一印象はかなり変化した。徹底的であるとおもえた破壊が中途半端に見えてきた。人びとがそこに暮らし、今を生きているからだ。

一九九九年一〇月二二日、囚われの身だった最高指導者シャナナ＝グズマンが首都デリに姿を現した。一九九二年一一月、インドネシア軍に逮捕されたシャナナは、最初は終身刑を宣告され、その後二〇年に減刑されジャカルタのチピナン刑務所に服役した。シャナナは獄中から最高指導者として指揮を執りつづけ、スハルト辞任後のハビビ政権下で刑務所から一軒家に移され軟禁状態となり、住民投票の結果をうけて釈放、安全上の問題からイギリス大使館へ一時滞在した後、オーストラリアのダーウィンへ出国、そして機をうかがって東チモールへ舞い戻ったのである。

ＦＡＬＩＮＴＩＬ（ファリンテル、東チモール民族解放軍）の総司令官シャナナと参謀長タウル＝

マタン＝ルアクが並んで陽の光を浴びながら大衆の前に姿を見せたその光景は、インドネシアによる軍事支配が敗北し抵抗運動が勝利したことを雄弁に物語っていた。

一九九九年一〇月三一日の午前零時少し過ぎ、インドネシア軍の撤退が完了し、名実ともにインドネシアによる東チモール支配に終止符が打たれた。「祖国か死か」「抵抗するは勝利なり」「すべての戦線で闘争は続く」――指導者たちが交わす書簡の最後に記されたこれらのスローガンは役割を終えた。ひとつの時代が終わった。

東チモールにおけるインドネシアの主権を認めていたオーストラリアが政策転換をし、シャナナの釈放や住民投票実施への支持を発表した一九九九年一月から、まさに疾風怒濤のごとく激変の嵐が東チモールに吹き荒れた。この一年をどのように総括するか、わたしはタウル＝マタン＝ルアク司令官に質問した。かれはいつもそうするように余分な言葉を省いて明瞭簡潔に答えた。「九月だ。九月が最も困難な時期であり、九月が成功の時期だった」。

ほとんどの建造物が破壊され、大量の難民を生んでしまったこの悪条件下での国家建設事業は、よく「ゼロからの出発」あるいは「ゼロ未満からの出発」と称せられる。「解放軍」対「侵略軍」という対立構図はわかりやすかった。これからは、いい意味でも悪い意味でも、そのわかりやすさが失われていくのである。

一九九九年一〇月二五日、国連安全保障理事会によってＵＮＴＡＥＴ（ウンタエト、国連東チモール暫定統治機構）が設置され、独立までの移行期間、この国連機関がその名のとおり東チモールを一時的に統治することになった。その業務は三種類に大別できる。
一、東チモールを統治し国家機関の基礎づくりをすること。
二、人道援助と緊急復興をおこなうこと。東チモール人難民の帰還作業も含まれる。
三、東チモール領土の安全保障と治安維持。これは平和維持軍と軍事監視団、そして文民警察が担当する。

軍事監視団とは何を監視するのだろう。一つ、国境周辺の軍事情勢の監視。一つ、領土全般にわたる治安の監視。そしてもう一つ、なんと解放軍の監視だ。

一九九九年も年の瀬が迫ったある日の夕方、首都デリのビラベルデという地区で、四歳ぐらいの坊やの手を引いて歩く女性と目が合ったのでわたしはかるく会釈した。この女性の夫は東チモールでは少しは名のとおったボクサーですよと近所の人が教えてくれた。そのボクサーは名前をアメリコといい、アメリカ合州国に渡って試合をしたこともあるという。アメリコは九月七日、民兵に殺された。妻は夫を失い、四歳の子どもは父親を失った。九月の動乱で死に別れになった例である。

こんな例もある。昼は普通に遊んでいるある男の子は、夜になるとお父さん恋しさのあまり泣き出す。この子の父親はインドネシア軍の兵士で西チモールへ行ったきり帰ってこないし帰ってこれない。インドネシア軍の兵士といってもこの父親は誰も殺しておらず悪者ではないので、帰国してもそのことを知っている人たちが住む町内なら問題ないだろうが、他の町内に住むとなるとやはり厄介なことになるだろうといわれる。九月の動乱で家族が離散した例である。

民兵やインドネシア軍に殺された東チモール人がいて、一方で民兵やインドネシア軍に加担した東チモール人がいる。過去を克服して共生できる社会を東チモールは築いていかなくてはならない。

忍耐の解放軍

住民投票の実施前後、インドネシア軍の民兵組織を利用した破壊活動にたいし、解放軍は挑発にのりはしなかった。国際社会との合意を真摯にまもりぬき、武力衝突を回避し、ゲリラ兵士たちはきめられた陣地内で耐え忍んだのである。解放軍最大の試練であったろう。

一九九九年八月二〇日、解放軍は野営陣地となったワイモリと呼ばれる場所で創設二四周年記念日を祝った。住民投票直前の八月二七日、ワイモリの陣地にインドネシア国軍ウダヤナ師団のキキ＝シャナクリ将軍が訪問し、眼下の敵であるタウル＝マタン＝ルアク司令官と会った。歴史的な瞬間といえよう。解放軍陣地はその後レメシオという所に移動し、帰還したばかりのシャナナ＝グズマンがそこを訪問し大歓迎をうけた。そのあとアイレウ地方の主都アイレウに本拠地を移し、いまに至っている。わたしはさっそくゲリラたちの顔を見に、アイレウを訪ねた。

アイレウは解放軍全兵士が集結するゲリラの町となっていた。わたしの大雑把な目測ではゲリラ兵士数は一〇〇〇〜一二〇〇人ぐらいであろうか。迷彩服を着た大勢のゲリラ兵士たちと、少数のオーストラリア軍兵士が町内を闊歩するが、もう戦争はない。

一九九六年ゲリラの森で会って以来、三年半振りに再会したカイケリは、解放軍本部に勤務していた。

カイケリはインドネシア空軍に勤務する解放軍の工作員であった。一九九八年四月八日、インドネシア空軍創設日を翌日に控え、残業を夜九時に終えたカイケリはバイクで帰宅していたその途中、一〇時ごろ、銃を構えた特殊部隊に捕まってしまった。カイケリが家にゲリラをかくまっていた情報が漏れたのである。カイケリは首筋を強打され気を失った。目隠しをされてトラックにほうりこまれ、目を覚ますとそこは浜辺であった。そこはどこだったか、正確な場所はいまもよくわからないという。「さあ、答えてもらおう。おまえの家には誰が隠れているのかな。何人のGPK（ゲペカ）がいるのか」。特殊部隊の尋問がはじまった。GPKとは「治安破壊部隊」を意味するインドネシア語の頭文字をとった略語、東チモールではゲリラ兵士やその協力者のことを指す。「答えないなら、今夜おまえを殺す。殺してからおまえの家へ行って家族を捕まえ、GPKのことを尋問してやる」。さらにいう。「われわれがおまえを捕まえたことは誰も知らない。われわれが今おまえをここで殺しても誰にも知られない」。そしてはカイケリに海に入り目をつぶるようにいい、「よし、そこで止まれ。一、二、三の三で目を開けるがいい。三で撃つから

アイレウに“幽閉”される解放軍ゲリラ兵士たち，1999年12月。

な」と自白を迫る。「一……、二……」。カイケリはなんとか殺されないように頭を回転させる。「わかった、いう」。「GPKとは関係をもっているが家にはいない。ある場所に武器を隠した」。口からでまかせをいって窮地を逃れた。

カイケリが示したその場所には武器はなく、だまされたと知った特殊部隊はカイケリをバウカウ地方のバギアという町にある軍支部に連行し、脚や腿のつけねに電気ショックを与え、足のツメを剥がすなどの拷問をした。そこに勤務していたカイケリの仲間はカイケリを見てびっくりした。その仲間は、カイケリを痛めつけろと命令されれば、自分たちの関係を疑われないためにもそうするしかなかった。しかし二人きりになった瞬間、こっそりと情報交換をおこなった。

一九九八年四月九日午後四時、特殊部隊は空軍から離れた場所にカイケリを移した。カイケリはインドネシア空軍では一目おかれていたので、特殊部隊はカイケリの正体を証明する証拠を入手するまで、空軍から距離をおきたかったのである。特殊部隊はカイケリの家を家宅捜査しようとしたので、カイケリはそれを防ぐため自分のトランシーバー一台をGPKと関係する物証としてさしだし、被害を最小限に抑えた。

翌一〇日、カイケリを逮捕した特殊部隊は空軍の上司に喰ってかかった。おたくの部下はGPKの犬ではないかと。だが上官の対応は次のように毅然としたものであり、カイケリはたいそう感服している。「たとえかれがそのような人物だったとしても、上官であるわたしに報告しないで勝手な行動は許されない。軍の規則に従うべきだ」。こうしてカイケリは生き延び、デリへ連行されたのちバウカウの刑務所に入れられた。その上官は大佐でパイロットだったという。

一九九八年四月といえば周知のとおりスハルト大統領の退陣を求める運動によってインドネシア国内が揺れに揺れていた時期である。そしてこのとき特殊部隊は汚い仕事の実行部隊として悪評を国内外から浴びせられ、同じ軍内部でも特殊部隊は敬遠される存在であった。このとき特殊部隊は東チモールの地下組織を一掃しようと躍起になり、その活動は昼夜兼行かつ素早く実行されていった。誰かを捕まえ殺しても家族には知られないようにし、もし家族が何かを察知して赤十字などの国際機関に通報すれば、その家族を捕まえ刑務所に送った。特殊部隊はカイケリからジャカルタにおける東チモール人の抵抗運動についてききだそうとした。スハルト大統領が辞任する直前の四月と五月に、特殊部隊は護身のため、自らの悪行の証拠隠滅をした。獄中で闇に葬られた政治犯もいる可能性があるとカイケリはいう。

カイケリの妻はなんとか夫を刑務所から救おうと、あるインドネシア軍人にお金を支払った。賄賂である。その軍人はなんと領収書を彼女に渡したという。ここにその領収書があるよと、カイケリがわたしにみせようとゴソゴソと段ボール箱のなかを探し出した。なかなか見つからなかったので少しあせったようであるが、無事に発見すると「これ、これ、これは大事な証拠書類だよ」とにこにこする。カイケリにとってインドネシア軍の行動を証明する証拠なのか、それとも妻の愛情を確かめる証拠なのか……。

結局、カイケリは妻の依頼したインドネシア軍人の助けを借りず自力で刑務所から脱走した。

刑務所の出入り口で警備員が居眠りをしていたため、外にいた受刑者の協力を得て、逃げることができたのだ。こうしてカイケリは解放軍に合流、陣地の移動をともにし、現在の本部勤務にいたったというわけである。

さて、話をいまにもどす。一九九九年一二月一一日、首都デリで七人の民兵が発見された。急いで民兵をひっとらえなければならない。しかしそれは民兵が住民を殺すまえにではなく、住民が民兵を殺すまえに、である。インドネシア軍のいなくなった東チモールでは力関係は逆転した。越境する侵入者はべつとして、民兵の残党は袋叩きの対象でしかない。ややっこしいのはこの捕り物で十手をふるえるのは解放軍ではなく、多国籍軍であることだ。顔の見分けもままならない外人部隊には荷が重い任務である。だが、解放軍は〝独立派〟の武装集団として国連に監視されアイレウ以外で活動できないし、もし解放軍が民兵と交戦したらマスコミに「内戦」と報道されてしまい、国際社会にそう認識される恐れがある。そこで解放軍は多国籍軍が民兵を捕まえるお膳立てをするのである。民兵騒動がもちあがると解放軍は突然忙しくなる。

一二月一五日、今度はアイレウに六人ほどの民兵が潜んでいるという情報が入った。解放軍のゲリラたちは臨戦態勢にはいった。ここはアイレウだ。解放軍は動ける。しかし捕まえるのはあくまでも多国籍軍だ。夜、九時すぎ、二人が捕まった。一〇時少しまえ、二人の民兵がオーストラリア軍の宿舎まえに連行されてきた。大きな身体をしたオーストラリア兵士に囲まれているので背伸びしながら首をのばさないと小さな東チモール人の姿はよく見えない。二人のうち一人は頭に包帯をまいている。二人ともみすぼらしい格好で、ろくに食べていないのか、やけに痩せている。オーストラリア軍は民兵の取り調べをする一方で、傷の手当てやペットボトルの水と紙パック入りのジュースを与える。この二人の小さな東チモール人は抵抗することなく水とジュースを口にしている。残りの民兵は逃走中とのことで解放軍兵士は武器をもって町を夜どおし警備することになった。

民兵が捕まっても、「残敵討ち取ったり！」という晴ればれさは東チモール人にはまるでない。やりきれなさを再確認するだけである。そもそも民兵は侵略軍に抵抗しきれずに利用される側についた弱い東チモール人である。

翌朝、わたしは目のまえで民兵残党を見た。「みすぼらしい」という言葉しかわたしには浮かんでこない。

この民兵捕り物にはすぐ解放軍の内部から疑問の声があがった。あの二人は本当に民兵なのだろうかと。住民の証言には喰い違いがあってどうもすっきりしないのだ。しかし解放軍には調査する権限がない。情報を管理するのは多国籍軍であり国連なのである。

侵略軍が去ったというのに、依然として東チモールは外国人によって管理されている。解放をどう喜んだらいいのか。状況は疑心暗鬼の霧のなかに包まれていった。このような不明瞭な状況下では、インドネシア軍事占領下で生まれ育った若者たちが自然に備わった習性として、何か陰謀があるのではないか、誰かが何か良からぬ企てをしているのではないか、そう考えてしまう。

住民同士の相互不信が生まれ、ちょっとしたことで喧嘩がはじまり、暴力事件が多発するようになってしまった。

住民同士の、とくに若者同士の暴力事件がたび重なるという不穏な空気のなかで、ゲリラの勇者が国連統治の日程にふりまわされ疲労困憊していった。タウル＝マタン＝ルアク司令官はとうとう過労で床に伏してしまったのだ。

二〇〇〇年一月七日、わたしはアイレウを再訪した。解放軍本部でカイケリがまた迎えてくれた。本部の一室でタウル司令官が寝ているが、人の出入りが頻繁で静養にはなっていないようすである。夕方、五時五〇分、便用にたったタウル司令官に熱を測るようにわたしは人をとおしてすすめたが、いまはいいと断られる。六時、ニュージーランド軍の人のよさそうな将校らしき人がきて、タウル司令官のために医者を呼ぶことができるがどうしますかとペラペラと英語でゲリラ兵士たちに話しかけている。ゲリラ兵士たちは英語がわからないのでポカンとした顔をしている。たまらずわたしが割ってはいって意思疎通を手伝った。一四分後、同じニュージーランド人が薬箱を抱えた初老の女性をつれてきて本部に入っていった。女医さんらしい。

インドネシア軍が二四年間の歳月を費やしても、「メイド・イン・ＵＳＡ」の武器を使っても、ついに倒すことのできなかった解放軍が国連の進駐によっていとも簡単にかきまわされている光景をみるのはまことに忍びない。

解放軍は国際援助団体から食糧をもらい食いつないでいる。これまでのように民衆から組織だった支援をうける時代は終わった。皮肉なことにインドネシア空軍に勤務していた工作員カイケリは侵略軍が去ったことで収入源がなくなった。男の子と女の子の二児の父親であるカイケリが家庭に送金できないので不安だという。カイケリはいう。「自分たちはどこへ行こうとしているのかわからない」、「将来、自分たちがどうなるのかもみえない」。

解放軍とその兵士たちはこれからどうなっていくのであろうか。

二〇〇〇年元旦からわたしはビラベルデ地区の家に下宿させてもらうことになった。家の主は、パルミラ＝ダ＝シルバという女性で、インドネシア軍事占領時代、わたしが参加した秘密会合に送り迎えしてくれた男たちの母親である。とても存在感のある女性で、近所や知り合いなど広くから「ママ」（母さん）と呼ばれている。

パルミラ母さんは、多くの東チモール人がそうするように、軒先に雑貨屋をひらき、近所の住民を固定客としてなんとか生活をしている。三人の兄弟と二人の姉妹がいたというが、「みんな死んじまった」という。自分がいつ生まれたのか記録がないのでわからない。五〇代半ばだろうという。誕生日を知らない東チモール人は珍しくない。夫と長女が一九七四年ポルトガルへいったきりである。女手ひとつで長男マリト・次男アントニオ・三男エウゼビオを育てあげた。一九九九年の住民投票には、朝一番、なんと五時に投票場へ出かけたという。

長男マリトはタウル＝マタン＝ルアク司令官の運転手兼警護を務める解放軍の一員である。四角ばっていない兵士のなかでも、とくにこのマリトの態度は大雑把である。寝っころびながらタウル司令官と会話をする男である。タウルも気心が知れているマリトをそばにおきたいようだ。次男アントニオは一九九五年、船でオーストラリアのダーウィンに逃れた一八人のうちの一人である。末っ子のエウゼビオは、インドネシアのジョグジャカルタにあるガジャマダ大学に在学中、UNAMET（国連東チモール支援団）に地元職員として働き、住民投票の騒乱から国連の飛行機でダーウィンに逃れ、無事に帰還し、いままたUNTAET（国連東チモール暫定統治機構）の地元職員として働いている。

そしてこの家にタウル司令官も下宿することになった。慣れない仕事で身体をこわし、アイレウとデリを往復できないとき、この家に寝泊りして会議に出席したのがきっかけで、ここに住むことになった。もちろん自分の家が決まるまでだ。わたしの向かいの寝室がタウルの部屋だ。民家に潜伏しながら武装闘争を指揮してきた解放軍参謀長の最後の〝潜伏先〟がパルミラ母さんの家というわけである。

わたしのみるタウルの日常とは、寝る、水浴びする、食べる、車に乗る、会議にでる、の繰り返しだ。ゲリラ生活とは違って運動不足になりがちで、タウルの腰の周りにぜい肉がついてしまった。書類がいっぱい詰まった管理職らしい黒いカバンをもってだるそうに車に乗るそのうしろ姿からは「あー、しんど」とつぶやいているのがきこえてくるようだ。夕方になれば、髪は乱れ、ジーパンからシャツがだらしなくはみ出ている。背中をみればシャツがしわだらけである。長時間の会議で椅子にすわっている証拠だ。

タウルがでかけるとき、運転手のマリトと護衛兵士ら最低三人が同行する。護衛といっても解放軍はアイレウ以外の武器携帯が許されていないので丸腰だ。タウルは出かけるときいちいち声をかけない。タウルが歩くと、護衛の者たちが「オッ、もう行くのか」と慌ててバタバタと後をついていく。朝、タウルが車に乗り込もうとするとき、マリトはたいていまだ朝食中である。うなりながらマリトは食べ物を口に流しこみ、口をもぐもぐさせながら、妻ロザがもってくる靴下と靴をいそいではき、車に乗る。ときどき頭がボーッとしているのか、タウルは必要な荷物を一切忘れて車に乗る。護衛の者たちはカバンや携帯電話を探しまわる。だるそうにゆっくり歩くタウル、慌ててチョコマカと走りまわる取り巻きの者たち。わたしのみる朝の風景だ。

ある日、昼食をとってからタウルはふかぶかとソファに腰を沈め、「会議、会議、会議でなにも起こらない」といい「ハァ〜」と大きくため息をついた。タウルはいう。森にいたときは午前中と午後一時に一本ずつ会合をこなせばゆっくりできた。インドネシア軍との戦闘はときたまあっただけ。昼の休み時間が終わり、タウルは「会議、会議、会議……」とつぶやきながら車に歩きだす。

週末、タウルはよくバウカウ地方のラガという町にいく。そこの孤児院を訪問し、孤児たちと遊ぶのである。この施設はカトリック教会によって運営されている。この孤児院から下に海を望むことができるが、格別に美しい風景だ。子ども達の大部屋や来客用の宿泊室は手入れがよくゆき届いており、まるで世俗離れした清潔さを保っている。東チモールにこのような空間をつくるカトリック教会の力に感心してしまう。一九九九年九月の騒乱によって、この施設では孤児がいっきに六〇人も増えてしまったという。

アゼ＝ダ＝リジョというかわいらしい六歳ごろの坊やがいつのまにやらパルミラ母さんの家に住みついていた。タウルがラガの孤児院から連れてきたのだ。アゼちゃんの父親はインドネシア軍の諜報機関で働いていた。両親の離婚後、母親がアゼちゃんをかわいがっていたころにタウルと知り合った。いまから半年前にその母親は親権を放棄してアゼちゃんをラガの孤児院へあずけた。ラガの孤児院は女子用なのでいつまでもおいておくわけにもいかず、タウルがひきとって、あずかってもらう場所をいま捜しているところなのである（その後、タウルの家族がアゼちゃんをひきとった）。

二〇〇〇年三月、国連統治機構は解放軍をＰＫＦ（国連平和維持軍）に組み込む可能性を探りはじめた。国連統治機構のセルジオ＝ビエイラ＝デ＝メロ代表（ブラジル人。二〇〇三年八月、国連イラク支援団の代表としてイラクの爆弾テロで死亡）は、解放軍の忍耐を賞賛し、規律の良さは頼れると述べた。国境を警備する国連ＰＫＦ兵士の危険性を緩衝するためにも解放軍の知識と経験が必要なことがわかってきたようだ。

四月、国連統治機構は、解放軍が東チモールの治安を守る軍隊の骨格となることを認めるよう求める報告を国連本部に提出した。

そして五月、解放軍幹部四名がＰＫＦの連絡要員に就くことになった。だがこの月は同時に、国連と解放軍のあいだで緊張が走ったときでもある。解放軍のサビカ司令官がシャナナ＝グズマンと交換した車に乗っていたところ、国連文民警察はサビカ司令官を盗難車に乗っているとして捕えてしまったのだ。侮辱をうけたサビカ司令官は、なにゆえこのわたしを盗人呼ばわりするのか、その理由を明らかにしてほしい、さもないと国連の車をアイレウの検問所で止めて入れなくする、このような趣旨の抗議を国連警察に突きつけた。結局この件は、デ＝メロ代表が謝罪して落着した。山と森の戦士がアイレウの破壊跡の建物に押し込められ、疲労がたまり、誇りが傷つけられている。解放軍はひたすら我慢の日々を送った。

五月下旬、解放軍の団結にもひびが入ってきた。古参の司令官・エリ＝フォホライ＝ボートが三〇数名の兵士と武装してアイレウに立てこもったというニュースが流れた。そのラジオニュースによれば、解放軍の軍管区再編成に反発した行動だという。タウル＝マタン＝ルアクもシャナナ＝グズマンもアイレウに向かった。五月三〇日、わたしは状況をタウルにきいたが、「たいした問題ではない。もう大丈夫」とタウルは慌てる様子はなかった。アイレウに閉じ込められていることに我慢できない人もいるのですかとわたしがきくと、「たしかに嫌がっている者もいる」とタウルは答えた。エリ＝フォホライ＝ボート司令官はこれ以降アイレウを離れてしまった。

国連は東チモールの国づくりの一環として国防にも大きく関与する。そこで問題となるのが解放軍の取り扱いである。解放軍は将来の治安部隊の中枢となりうると国連統治機構は認識した。ところが、国境警備のため解放軍をＰＫＦの活動に組み込むことも、将来の新しい軍隊創設についても、国連統治機構が東チモールを委任統治することを定めた国連安保理決議案に盛り込まれていないのである。そこでお役所手順を一から踏まなくてならない。それがキングス大学（ロンドン総合大学）「防衛研究所」による調査と報告である。この報告書が権威のお墨付きを与え、解放軍は東チモールの国防軍へと編成されていくのである。解放軍を命懸けで支えてきた民衆の知らないところでこうした重要事項が進められる独立過程の在り様は大問題である。その研究所の報告書は八月に提出され、検討されるのは九月という予定であるが、インドネシア領から民兵の侵入を防ぐ有効な手だてをうってほしいと不安がっている住民の立場にしてみれば、悠長な姿勢だ。時間と金のなんという浪費か。当然ともいえるその結果として、とうとうＰＫＦ兵士に犠牲者がでた。

二〇〇〇年七月二四日、二四歳のニュージーランド兵士レオナルド＝マニングがスアイの北西部にあるナナという村で民兵らしき者に殺された。交通事故で死者をだしたことを別にすれば、東チモールに展開するＰＫＦにとって初の戦死者だ。マニング兵士はスケッチとユーモアが好きな青年だったと報じられている。

にわかに国境情勢が緊迫化してきた。八月二日、国境のマリアナでＰＫＦのオーストラリア軍と民兵らが衝突し、二人の民兵が死亡した。八月六日、マリアナでオーストラリア軍と民兵が二度の衝突、民兵一人が負傷し捕まった。八月一〇日、スアイ地方でＰＫＦと民兵が衝突。その結果、ＰＫＦのマレーシア人兵士一名が死亡、三名が負傷し、また東チモール人の民間人からも負傷者が一名でた。

なお、二〇〇〇年二月一日、オーストラリア軍は多国籍軍を解散し、PKFに組み込まれている。

解放軍の創設二五周年記念

二〇〇〇年八月一〇日、タウル＝マタン＝ルアクがポルトガルとアメリカ合州国の出張から帰国した。なんとなく顔つきが変わったなとおもったら、眼鏡をかけている。遠くのもの、例えばテレビを観るぶんにはいいのだが、近くのもの、例えば本を読むには支障があるという。「年ですね」とわたしがからかうと「そう、もう年だよ。四五歳だぞ」とのってこなかった。

同年八月四日付の新聞『東チモールの声』のインタビュー記事のなかで、国連統治機構のデ＝メロ代表は解放軍と将来の東チモール国軍の関係についてこう述べている。「これは単純で複雑な問題だ。われわれは現在、FALINTILの問題に直面し、将来どのような国防軍像を描くかという問題にも直面しいている。キングス大学の専門家がきたが、われわれはかれらの報告をFALINTILの司令官とともに研究しているところである。たぶん、FALINTILが軍隊の中枢におかれることになるであろう。どのような訓練を誰がするかはまだ不明である」。解放軍から東チモール国軍へ改組されることはほぼ間違いなさそうだ。

こうしたなか、二〇〇〇年八月二〇日、解放軍の創設二五年記念日がやってきた。解放軍の創設記念式典は侵略軍撤退後としては初めてだ。人びとは堂々とおおらかに集える。ちょうど日曜日でもあるので東チモールに駐在する国連や各国代表も出席した。お祭り気分が盛り上がった記念日となった。

この日はたんなる解放軍の創設記念日ではない。タウル＝マタン＝ルアクの晴れの舞台でもある。シャナナ＝グズマンが総司令官の地位をタウル司令官に引き渡すのだ。シャナナが軍事部門から身を引くことにより、政治部門と軍事部門を正式に分離し、民主主義国家の建設が順調に進んでいることを、東チモールは国際社会に披露するのである。もうひとつの目玉は、ジョゼ＝ラモス＝オルタが一九九六年に受賞したノーベル平和賞のメダルをシャナナに渡し、シャナナが解放軍へ渡し、これをもってノーベル平和賞が東チモール人民の手に渡ったとする儀式を行うことだ。

九時二〇分、シャナナ＝グズマンがゲリラ兵士の隊列の前を歩き終えると、CNRTの印がついた箱から鳩が放たれた。シャナナとタウルの首に東チモール伝統織物タイシュがかけられ、合唱とともに解放軍の旗が掲揚される。そしてタウルは中央に立った。整列する解放軍兵士たちはタウルにむかってささげ銃をした。解放軍の新しい総司令官・タウル＝マタン＝ルアクの誕生である。

九時三五分から、シャナナ＝グズマンを一番手とする一連の演説が始まり、最後はタウル新総

行進するゲリラ兵士たち，2000年８月20日，解放軍創設25周年記念日，アイレウにて。

司令官であった。ここでシャナナとタウルの演説を完全収録してみよう。人名など固有名詞に不明な部分があろうかと思うが、解放軍の歴史に想いを馳せることができるはずだ。

シャナナ＝グズマン総司令官、最後の挨拶

「国連を代表するセルジオ＝ビエイラ＝デ＝メロ氏、ブンスラング＝ニンプラディトPKF司令官、外交官のみなさん、カルロス＝フェリペ＝ベロ司教、バジリオ＝ド＝ナシメント司教、ポルトガル政府からルンス＝アマド代表、ジョゼ＝ラモス＝オルタとマリオ＝ベガス＝カラスカランのCNRT両副議長、CNRT国民政治委員会のみなさん、そして抵抗運動の幹部と親愛なる東チモールの兄弟姉妹のみなさん、われわれがここにあなたがたをアイレウに迎え、最も栄えある東チモール民族解放軍FALINTILの創設二五周年を祝うのはこのうえもない喜びである。われわれは領土の安定にたいする脅威がまるでないかのように、主な懸念から離れてこの日を祝うことができている。PKFが職務として委任された治安の安定を保障してくれるものとわれわれは確信している。

昨年、FALINTILは、それまで長年のあいだ離れ離れであった四つの軍管区の人びとが初めて一堂に会して創設記念日を祝うことができた。三万人近くの人びとがワイモリに集ったこ

と、そしてまた他の野営地でも大きな集まりがあったことをわれわれは思い起こすのである。その一〇日後、住民投票によって自由が得られたが、それはわれわれの国民を大いなる劇的状況に導いた出来事を通してであった。したがってきょうの式典はわれわれがあなたがたと分かち合おうと期待したものとは違っているものとなってしまった。

ＦＡＬＩＮＴＩＬの司令官と兵士たちよ。

わたしはここに、偉大な司令官であったニコラウ＝ロバトとかれの部隊・分隊・地域に所属していたすべての者たち、そして同僚の司令官たちを思い出しながら、一九七五年から七九年に倒れたすべての兵士たちに感謝の言葉を贈る。かれらの名前を一人一人あげるのはできないが、ＦＡＬＩＮＴＩＬ委員会が一人一人全員の名前を収集するであろう。

わたしはここに、一九八〇年以降に倒れたコニス＝サンタナやマウ＝フドなどすべてのゲリラ兵士たちと政治指導者たちに、アレックス＝ダイトゥーラ、ファル＝タシャイ、カリサ、ベナンシオ＝フェラス、コロ＝アス、マウ＝テイ、フェラ＝ラファエク、クオオ＝スス、ロダク、メルのように勇敢な司令官たちに、そして限られた時間で一人一人名前をあげることができないが、さらに大勢の者たちに特別な賛辞を贈る。やはりＦＡＬＩＮＴＩＬ委員会が詳細な情報を収集し、将来の新しい世代がいつもわれわれの英雄を思い起こすことができるようにするであろう。

わたしはまたここに、ゲリラ兵士から司令官までの解放戦争における在郷軍人へ、われわれの親愛なる兄弟であるマウ＝フヌへ特別な賛辞を贈る。マウ＝フヌは突然、健康を崩しわれわれを悲しませた。そしてわたしは心の底から、最近FALINTILの戦列に加わったすべての人たちへ賛辞を贈る。山のなかで自分たちを組織しFALINTILとともに苦しんだ何百というわれわれの国民を、わたしは決して忘れないし、最も深い賛辞を贈るものである。最後にそして大切なことであるが、地下組織の老若男女、とくにFALINTILとその戦いを支えてくれた子どもたちには最も高い評価の言葉を贈りたい。

FALINTILのその崇高な使命とは祖国を解放することにあった。戦争が始まってから三年後、経験の無さから、そして質・量ともに両軍の格差から、われわれは一九七八年と七九年に戦略的な大敗北を喫した。

FALINTILそのもののさまざまな外部要因によってFALINTILは組織として完全に崩壊し、軍勢は武装闘争の継続を決意した一握りの集団となった。ゲリラ戦はこの一握りの集団によって開始され、ほぼ二〇年間も続いたのである。あなたがた、勇敢なゲリラ戦士と司令官たちは今日ここで代表しているのはその一握りの集団なのである。

あなたがたがすべてを顧みず家族さえも忘れた自己犠牲の極めて崇高な責任がまさしく始めから無ければ、戦争を継続することはできなかったであろう。

FALINTILが解放軍としての存続をささえた三本柱がある。真っ先にあげなければならないのは犠牲をうけ入れる自己否定の類まれなる態度によって表現されたあなたがたの魂のたくましさである。次に高度な規律につながった歴史にたいする深い責任感、そして最後に、あなたがたは人間として人的能力の限界に挑戦したわけであるが、闘争指導への揺るぎない信頼感である。

今日われわれは政治的勇気の尋常ならざる行動を目撃している。それはジョゼ＝ラモス＝オルタがいつもあなたがたのために育んできた深い尊敬と強烈な賛美となって現れている。ノーベル平和賞の受賞者がその賞に違った意味合いを吹き込んだのは歴史上初めてのことである。ノーベル平和賞はそのメダルを含めて他に譲渡されうるものではないが、不動のゲリラ戦争と自決権と独立にたいする不動の東チモール闘争がなければ、自分自身や他の東チモール人が海外で展開していた外交活動を継続できなかったと常にジョゼ＝ラモス＝オルタは認識していたのである。オスロの授賞式で、かれは占領されている祖国の山にいるゲリラ兵士に謙虚に身をかがめた。きょうかれは解放の真の英雄にたいしてかれの敬意と賛美を表したいと願っているのだ。

東チモールの戦士たちよ。

あなたがたは解放のゲリラ戦士であり、戦争をしながら戦争の技巧を学んでいった。あなたがたのゲリラ戦は闘いのもつ使命そのものに制限されえなかった。東チモール人一人一人の心に灯されていた闘争の火を絶やさない方法をあなたがたは心得ていたし、あなたがたは比類なき方法で抵抗の歴史を豊かにすることに加わった人びとの意志の触媒であった。あなたがたは統一の連結部であったし、東チモールの社会構造を維持した血液であった。あなたがたはそれぞれの愛国者にとっての参考であったのだ。

あなたがたの政治活動は戦う人びとの信頼を保ち、あなたがたの軍事活動は求められる価値のある尊敬と深い賛辞を国の内外で生みだした。長く辛い『大衆協議会』(国連主導による住民投票のための活動——訳注)の期間中におけるタウル＝マタン＝ルアク司令官をはじめとするすべての司令官たちの政治的視野にとくに言及したい。なかんずく劇的な九月、戦争を通じてわれわれを導いた原則を確保しながら、ＦＡＬＩＮＴＩＬはあなたがたゲリラ戦士と共に高度な規律とあなたがたの行動にある政治的中核を守ったのだ。このことにおいてあなたがたはまさしく誇ることができるのだ。

武器をとった同志諸君、司令官たち、そしてゲリラ兵士たちよ。

われわれはともに戦争を戦ってきた。そしてわれわれは別な戦いの方法について知っていた。賛辞はさまざまいろいろあるが、わたしはあなたがたのここアイレウでの反応がしばしば悲しいものであることを知っている。あなたがたの現状は儀礼的な誉め言葉を求めていないし、約束で解決されるものでもない。われわれは数多くの会合を開いてきたが、それらの会合をわれわれ全員が懐疑的に思ってきた。

しかしながら、世界がここアイレウで起こっていることすべてないしはほとんどすべてを知っているとわたしは強調しなければならない。世界中があなたがたのおかれている不公平な状況を知っているし、世界中がこの問題はＦＡＬＩＮＴＩＬの指揮によって解決されないことを知っている。あなたがたの生活状況だけでなく、あなたがたの家族の惨めな生活状況のことと、あなたがたが何年もの長いあいだ家族を放置せざるをえなかったことも世界中が知り始めている。未亡人や身体が不自由になった退役兵士そして孤児たちの惨めな生活状況について知っているのだ。

わたしはＦＡＬＩＮＴＩＬの司令官としてこのことを非常に憂慮している。あなたがたが非人道的な状況におかれているなかでわたしはあなたがたと別れることになった。しかし指揮に信頼を保ちつづけよ！とわたしは繰り返していいたい。国際社会はいまより良い理解を示している。キングス大学の研究はその理解を示している。

わたしはここで、われわれの尊敬すべき友人であるアントニオ＝グテレス首相（ポルトガル――訳注）がＦＡＬＩＮＴＩＬへの支援を拡大する用意があることについて特別に言及をしたい。

将来の国防軍は攻撃的な性格をもたない原則を軸とした姿勢をとり、このことを確かにするため政府は紛争により依然として不安定な世界のこの地域にたいする出発点として、この地域により平和な環境を整える手始めとして、オーストラリア・ニュージーランド・インドネシア・アセアン諸国と、そしてポルトガルやイギリス・アメリカ合州国・ブラジルなどを含めた友好国との軍事的合意を追求する。発展途上国として、世界の最貧国として、そして経済基盤のない国として、国防政策は予算不足を招かないように国の安定を保障することを目的としなければならない。国旗を揚げ、国歌を演奏し、大統領や政府をもっただけの独立では東チモールは満足しないであろう。独立とはゆっくりだが確実に国民の生活を向上させ、広範な農村部の開発計画を立て、農業や他の生産部門を発展させ、保健制度を拡大していくものでなければならない。そうなれば、国民は全般的に独立のために闘い死んだだけの価値があったと思うことができるのだ。

武器をとった同志諸君、司令官たち、そしてゲリラ兵士たちよ。

あなたがたは英雄であった、死んでいった者たちのように。あなたがたは英雄である。国連事務総長は本当にそう考えているし、国連を代表するセルジオ゠ビエイラ゠デ゠メロ氏は個人的にそういっている。世界銀行は軍事部門以外で支援するつもりである。どうか指揮に信頼を保ってほしい。司令官として、また一人の人間として、わたしは思い通りにあなたがたを支援することができなかった。今日、政治家たちがあなたがたと一緒にいる。かれらがあなたがたの問題を感じとっているし、あなたがたが願う解決方法を見出してくれるものとわたしは確信している。

武器をとった同志諸君、司令官たち、そしてゲリラ兵士たちよ。

キングス大学の研究は貴重な資料である。すべての司令官がこれを十分に研究することをわたしは薦める。また司令官たちはゲリラ兵士たちに解説することを薦める。そして政治家たちにはこの資料を真剣にとりあげてもらいたい。

キングス大学による勧告は将来の独立した東チモールに国防軍が必要であることを提起しており、このことはセルジオ゠ビエイラ゠デ゠メロ氏が個人的に語っていることであるし、わたしはこの件にかんしてかれが代表する権威に委ねるつもりである。

今年の四月一九日にここアイレウですべての司令官と会合をもったが、そこでわたしは簡単に二つの重要点を指摘した。それはプロフェッショナリズムと持続力である。プロフェッショナリズムには軍人に政治的勢力や経済集団、そしていかなる社会組織にも属したり支援を向けたりすることを控えることが要求されるのだ。持続力とは、軍事維持費の圧迫に耐えながら、経済基盤のない特殊事情をもつわれわれの国のような発展途上国の能力にかかわってくる。それゆえ、社会と経済の発展を確かにする安定を保障するものとして国防軍を必要とすることと、発展計画全般におよぶ損害となってまで国防軍を維持すること、この二つのせめぎあいにわれわれは立たされているのである。このことは国防軍の規模を決めていくなかで明確に解決されていくことであろう。

わたしはあなたがたの司令官であった。わたしはあなたがたのことを誇りにしている。わたしの唯一できることといえばＦＡＬＩＮＴＩＬ司令官の肩書きをつけることであった。わたしは山のなかで最も臆病なゲリラ戦士であった。戦ったのはあなたがたであった。大きな戦闘、つまりわれわれの抵抗戦争の道のりに足跡を残した決定的な戦闘で勝利したのはあなたがたであった。

あなたがたからわたしは戦争のやり方を学んだ。あなたがたからわたしはいかなる個人的野心をも放棄することを学んだ。これはわたしのなかでまだ生きていることだが、あなたがたからわたしはすべての大義、国民の大義に奉仕することのみに向かう意識を学んだ。わたしはあなたがたがはっきりと具体化している謙遜を学んだ。あなたがたからわたしは批判精神と現実感覚を学んだ。あなたがたからわたしは許す科学を学び、和解の精神を学んだのである。

武器をとった同志諸君、司令官たち、そしてゲリラ兵士たちよ。

わたしはあなたがたのまえで、そしてすでに倒れた人びとのまえで誓ったことを忘れてはいない。いかなることがあっても、わたしは個人的野心に負けることはないし、大臣やましてや大統領になることはないだろう。

いまあなたがたがおかれている不当な状況は、わたしが何度も繰り返しのべてきたことを強く証明している。きのうの英雄とは去りし英雄なのだ。こんにち国は新しい英雄を必要としている、われわれの国民のために福祉を確立させ発展させる英雄が。

否定的あるいは肯定的な評価はべつとして、われわれはわれわれの使命を遂行した、祖国解放という使命を。こんにち政治家・知識人・市民社会はべつな使命に着手しようとしている。われわれの国民を貧困・無知・飢え・病気などその他さまざまな苦難からの解放である。たぶんこちらの方が困難かもしれない。

あなたがた親愛なる兄弟たちが苦労して歴史の土壌に染み込ませた最高の思い出をわたしはもっているし、これからも抱いていくであろう。そしてあなたがたの軍事司令官として、わたしはあなたがたにもたらした悲しい思い出をも抱いていくことを許してほしい。

わたしは今あなたがたには新司令官がつくと述べようとしたところであったが、実はそうでなく、あなたがたには真の司令官タウル゠マタン゠ルアクがいつも一緒にいたのであり、わたしではなかったのだ。タウル゠マタン゠ルアクはその優れた指揮能力で、わたし自身の無能さが残したものから多くのことを生みだしたのである。わたしは一五〇に満たない不十分なゲリラ兵士を残しただであったが、タウル＝マタン＝ルアクの明断な指揮のもと、一五〇〇人以上の兵力に育てただけでなく、想像以上に洗練された通信システムも確立させたのだ。

わたしはあなたがたの司令官・タウル＝マタン＝ルアクにたいし最高の成功を祈りたい。すべての司令官たちへ、そしてあなたがた全員へ、われわれ未来の国防軍の萌芽としておおいなる成功を祈りたい。

そしてわたしたちの仲間に、わたしの軍事諮問でありPKFとともに仕事をするであろう人物である勇敢な司令官・エリ＝フォホライ＝ボートがいる。噂にもとづく不適切な行動は不信をまねき、噂は若者たちの集団や軍内部に不安と分裂をもたらした。レレ司令官（レレ＝アナン＝チムール〔あるいはチモール〕、タウルの次の地位にある司令官――訳注）がいうように、民兵は舞い戻っている。すべてを破壊された国を再建しようとするこの多大な努力を無駄にしようとしている。エリ＝フォホライ司令官は無期限の休暇中である。エリ＝フォホライ司令官は独立日に義務を報告するであろうし、予備隊に移行を望む他の退役軍人のように当然の賛辞をうけ、うける価値がある名誉と尊厳とともに去るであろう。

わたしはすべての司令官たちや兵士たちに団結を強化するように促したい。規律のみがわれわれを目標に導くことができるのだ。不信のきっかけとなる噂の流布を防ごうではないか。あなたがたのなかですべてが水晶のように透明になるように対話・接触・会合を通常の実践としなければならない。そして次のことを絶対に忘れないでほしい。民兵が破壊とテロをつづけるために戻ってきている。かれらを打ち破るためにわれわれはひとつであらねばならないのだ。

われわれは依然として苦難の時代を歩んでいるが、いつも自信をもち、ゲリラ戦士として山にいたとき別人のようになったこと、つまり忍耐と待つ技術を心に留めてほしい。

わたしはしばしばあなたがたに述べてきた。われわれの政治家や専門家たちが、われわれの血と犠牲で闘争し結束しながら倒れていった人びとのうえに築かれている国家を指導する訓練をしているのだと確信するならば、戦いつづけよう、もし必要ならば死につづけようと。

今日、武器をとった同志諸君、われわれの義務を果たしたことからわたしはあなたがたと感情の涙を分かち合っているが、民兵が活動しているのであなたがたは結束を促されているのだ。われわれはまた、苦しんでいる人びとの犠牲には価値があったと感じ独立という果実を味わうため、われわれの政治家・知識人・専門家が、苦しんでいる人びとを導くことであろうという希望で微笑むことができる。

われわれの大切な祖国とわれわれの至上なる英雄である国民のため、よりよき未来にたいして同じ希望を分かち合いながら、われわれは困難な時代の思い出のなかで永遠に団結していくのだ。

わたしはここにＦＡＬＩＮＴＩＬから身を引く。

あなたがたの司令官だった者のまさに最後の行動として挨拶をしたいとおもう、東チモールの山の兵士でありわれわれの祖国の英雄的な戦士であるあなたがた一人ひとりに。

万歳！輝かしく誉れあるＦＡＬＩＮＴＩＬ」

新総司令官タウル＝マタン＝ルアク、就任のことば

「CNRTのシャナナ＝グズマン議長、セルジオ＝ビエイラ＝デ＝メロ国連事務総長特別代表、ベロ司教、暫定内閣のみなさん、外交官のみなさん、来賓のみなさん、そして同志・友人のみなさん、本日はFRETILIN（フレテリン、東チモール独立革命戦線）指導部がわれわれの祖国の外国支配を永続させようとする軍にたいしてわれわれの国民を闘争のために組織しようとFALINTIL創設を決定してからちょうど二五年目にあたる日である。

この二五年間、勝利を信じて、FALINTILのゲリラ戦士はわれわれに強いられてきた弾圧と屈辱に抵抗するため全土にわたって東チモール国民を奮い立たせてきた。侵略軍は国民の意志を屈服させることはできず、年々、無防備な住民・女性・子ども・年配者にたいし継続的に苦痛を与えてきた。われわれの国民にたいする攻撃として、戦車・長距離砲・ヘリコプター・戦闘機・戦艦・そのほか民族殲滅をおこなうための最新式の武器をもった時代遅れのインドネシア軍は三万以上もの兵力を展開させ、その最悪の頂点へと達したのである。

後方支援基地もなく、国境を越えた支援もない、二万平方キロメートルにも満たない領土において、この巨大な軍事勢力は、自由と独立を願う東チモール国民の確固たる意志を揺さぶること

はできなかった。

われわれは生き残るために多大な困難を経験した。おそろしい悲しみと嘆きを経験した。勇敢な同志を埋葬した。数えることのできない数千人の、情け容赦のない虐殺を目撃した。

無防備で、自らを守る術もなく、われわれの子どもたちや女性たちは、侵略者の日ごとの行動に感情の激変を表現し、人口の三分の一もの生命を失う民族殲滅に直面したのである。

われわれが二五年間生き残ったことを祝うこの式典で東チモール国民に奉仕した武装ゲリラを代表し、われわれは二五万人以上もの失った生命にたいし心の底から哀悼の意を表したいとおもう。

民族殲滅にもかかわらず、自由と独立の闘いのなかでわれわれの国民からFALINTILへの意を決した支援は弱体化することはなかった。この闘争の過程でFALINTILと国民の団結が育まれていった。強力な占領軍が駐留するなかでも、FALINTILは領土全体におよぶ作戦を展開できたのである。

国民は多大なる犠牲を受け入れさえもした。自分たちの祖国を守るため、われわれの国民が総決起し、自分たちの息子たちを捧げ、ゲリラ兵士に食べ物を与え、隠れ家を提供し、傷ついた者を手当てした。こうしてわれわれの解放闘争はよりいっそう励まされていったのである。国家そのものである国民は自分たちのものとしてFALINTIL軍旗を支えていったのである。

国民からのこの無条件な支援と、海外にある連帯組織からの大きな支援とをうけて、FALI

ＮＴＩＬはこの歴史的使命、つまり祖国解放を遂行することができたのである。独立はすべての国民の抵抗に根ざしたものであり、自由を守るために殉教していったわれわれの愛国者の聖なる遺産に成り立っているのだ。

いまこのときわれわれは、自由と独立をこの国にもたらすため自らの意志でその生命を捧げたＦＡＬＩＮＴＩＬ戦士たちをとくに想起してしまう。かれらの名前を呼び起こすとき、感情がこみあがってしまう。ニコラウ＝ロバト司令官・コニス＝サンタナ司令官・デビッド＝アレックス司令官・タシャイ司令官・フェラス司令官・マウ＝カロ＝テガ＝ノル＝リマ司令官・マウ＝ラニ司令官・マウ＝バニ司令官、そのほか数えきれないほどの英雄たちと際立ったＦＡＬＩＮＴＩＬ戦士たちが祖国東チモールのために死んでいったのである。

われわれが二五年間歩んできた道のりで、われわれの国民の著名な息子たちが自由・民主主義・進歩・物質的精神的な福祉を国民にもたらす大義のために自らをそしてその力を最大限に捧げてきたし、捧げつづけている。われわれはすべての司令官とＦＡＬＩＮＴＩＬ戦士に敬意を表したい。かれらは毎日暮らすこの本拠地で、これまで役割を果たしたように、東チモールを守るために警備をつづけているのだ。

なかんずくわれわれはＣＮＲＴ議長でこの二〇年間ＦＡＬＩＮＴＩＬの司令官であり、われわれをこの現在の瞬間に賢くも導いたシャナナ＝グズマン、この人物のことを強調しなければならない。われわれの国民のなかで最も愛される息子であるシャナナ議長は、山にいたときも侵略者の牢屋のなかにいたときも、闘いの指揮をとりながら尊厳を大きく抱く術をこころえ、本日われわれがここで祝っている勝利のこの瞬間にわれわれを導きつづけたのである。今日われわれは民主主義国家の建設といわれる新しい交差点にさしかかった。東チモール国家に奉仕する近代的な正規軍を確立していくなかで、われわれはシャナナ議長の思慮深い指導から恩恵をこうむりつづけることは確かである。

来賓・同志・友人のみなさん。

東チモールの独立にたいし国民が賛成か反対かをいうことのできる住民投票が、残忍な行為で無効にされようとした昨年の九月、大勢の人びとを殺し生活を破壊する時代遅れの挑発に直面したとき、ＦＡＬＩＮＴＩＬが感情を抑え犠牲をうけいれたのはシャナナ議長の決定的な指揮のためなのである。

世界が東チモールの国民が真に望むものを知ったことは名誉なことであった。国民は発言の権利をもった。テロと迫害にもかかわらず、国民は独立に賛成した。この断言はＦＡＬＩＮＴＩＬが実行した自由と独立の闘い全体の本質を具体的に表現したものである。

規律の強い責任感がＦＡＬＩＮＴＩＬの威信を国内と海外において高めた。今日われわれは東チモールの将来の軍隊を確立しはじめたのである。

シャナナ議長の手からたったいまわれわれが受けとったメダル、それはノーベル平和賞のもので、われわれ祖国の有名な二人の息子［ラモス＝オルタとベロ司教――訳注］に授けられ、本日われわれわれの兄弟ラモス＝オルタによってＦＡＬＩＮＴＩＬに渡されたが、このことは平和と自由のために戦ってきたＦＡＬＩＮＴＩＬの大義を反映しているのである。この前例のない行為は、われわれの国民を防衛する軍隊が平和と自由のために戦うという本質をもっていることを明白に示している。

そしてわれわれがＦＡＬＩＮＴＩＬの指揮を担うこの瞬間、東チモールの近代的で公平な新しい軍隊を確立していくなかで、そして常にわれわれの解放闘争を導いてきた精神を保ちながら、東チモールの国土と国民の両方を国家独立と民主主義国家形成の行動にたいするありとあらゆる敵意から防衛する責任を、われわれは引きつづき担っているのである。

われわれの愛国者の生命と生活を脅かしつづける不安定化をもたらす勢力にわれわれは警戒している。われわれは国土全体にわたる秩序と安寧を確立するためにＰＫＦと全面的に協力する意志をいま一度くりかえし述べておきたい。

新しく困難な任務が、祖国と国民を解放するというこの長く複雑な道のりにまちかまえている。この道程においてわれわれは独立と主権を守り領土を保全するため、民主的に選出された政治的権威に信頼をもって従う原則を約束する。

われわれの活動はつねに国民との調和と協力へと導かれるであろう。われわれの近隣諸国、とくに民主的なインドネシアとそしてオーストラリアとは、平等・相互尊敬・友好関係、そして平和と民主主義を強固にしていくための相互支援を分かち合っていきたい。

万歳！　東チモール人民」

明けて八月二一日、朝三時ごろ、わたしやゲリラたちが寝ている部屋にタウル新総司令官が入ってきた。「さあ、そろそろ起きて、コーヒーでも飲んで。三時半ごろ出発するぞ」。静かな声でいった。かれらの朝は相変わらず早い。三時半ごろ、アイレウは祭りのあとで静まりかえっている。これから首都に戻らなければならない。きょうから「CNRT国民会議」が一〇日間の予定で開催されるのだ。首都へ向かう車に乗った新総司令官の足元にアゼちゃんが寄り添っていた。

「CNRT国民会議」という政治ショー

わたしたちは朝五時にパルミラ母さんの家に到着した。タウル司令官は「CNRT国民会議」に出発するまでソファーに腰掛け、本を手にして、ぼーっとしている。七時五〇分、タウルは「FALINTIL」と書かれた黒のTシャツと、下はジーパンではなくスラックス、そして緑のジャケット、首飾りをつけて出発した。会議ではなく、まるでパーティに出席するかのような服装である。わたしも会場に行ってみると、参加者・関係者・参観者、みんながありったけのおしゃれをしている。

会議の初日、シャナナ＝グズマンCNRT議長は、政治的寛容と責任ある参加を自覚し、そして世界が東チモールの政治的な成熟度に注目していることを自覚して、過去から学び、この会議で民主主義を実践しようではないかと訴えた。ここで議論される主たる議題は、CNRTの再定義、国連統治機構とCNRTとの関係、政党・和解・環境・資源・国家安全保障・国家体制そして言語などについてである。

一〇日間のこの会議で、海外からの招待客が会場で紹介され拍手で迎えられ、休憩時間には歌と踊りの演出もある。会議というよりも、CNRT指導者の国際社会に向けてのデビューショーである。議論の最中、CNRTのシャナナ議長やラモス＝オルタ副議長が会場にいることは少ない。接客に忙しいのだろう。この会議は東チモール民衆を向いていない。真剣な討論を公開するという類の会議ではない。会議をしているところを国際社会に見せればそれでよい。したがってそれぞれの議題にたいする討論に進展がない。用意された決議を採択する結果が待っていることは明らかだった。わたしはすぐに議論の参観に興味を失った。

最終日の八月二九日、夕方、各議題ついて決議を採ろうしたところ、参加者から「何もわからないのに投票できるか」「投票って何の投票だ」という大声があがり、拍手が湧いた。一人の若者が議事進行に納得がいかないと叫びだし、なだめられる場面もあった。

同日午後五時ごろ、公用語問題の討論に入った。わたしはこの討論だけは見ようと会場に入った。「モザンビークの人が東チモールにきてポルトガル語を教えるのがいい」。「ポルトガル語の公用語には疑問だ」。「ポルトガル語が公用語、テトン語は国民語とすべきだ」。「シャナナが世界に東チモール問題を訴えるときポルトガル語を使った。だからポルトガル語を公用語とすべきだ」。論拠を述べるわけでなく、結論のみを叫ぶようにいって最後に「オブリガード（ありがとう）」と言い放つ。発言時間が限られているからこういう言い方になるのであろうが、悲しいかな、これでは討論になっていない。これでCNRTは公用語について決を採ろうというのだから、あきれてしまう。

決議を採る段階で議論は長引き、結局、翌朝八月三〇日の八時半になって会議は閉幕した。ポルトガル語を公用語として採用することが決まり、CNRTは「CNRT／CN（国民会議）」と少し名前を変えた。

二〇〇〇年九月一日付の新聞『東チモールの声』に、「おしゃべりショーの民主主義、東チモールにとって華やかな出だし」という見出しの記事にこうある。

「『ここで起こったことは民主主義では普通のこと』と西側観測者はいう。『調整過程ではあるが、誰もが発言の機会は与えられたし、指導者たちが占領しなかったし、まずまずのすべり出しである……』と」。

また二〇〇〇年九月四日付の同新聞に手厳しい批判論文が掲載された。

「すべからく良く組織されているようにみえ、最後には全参加者が、ポルトガル語を公用語とすることも含めて、CNRTのすべての決定事項を保証し確認する。世界に向けて演出された

住民投票から１年目がたった式典を祝う人びと，2000年８月30日，UNTAET 本部前にて。

CNRTのドラマは民主主義が尊重されていることを示した。これはほとんどの東チモール人にとってインドネシアに占領されていたときから見慣れてきた陳腐な政治的策略である」

この論文を書いたのはフェルナンド＝マルサルという学生である。題名は「ポルトガル語は最終的に東チモールの公用語として採用されるか？」であり、かれはポルトガル語を公用語と決定したその過程に疑問を投げている。はじめに結論ありきはまるでインドネシア方式のようだと。「言語はそれぞれの人間の運命に深くかかわる問題である。必要不可欠な要素を考慮することなく、一部の集団によって不公平にも決定されるべきではない」とかれは主張する。そして次のようにとどめを刺した。

「全国からやってきた参加者はCNRTの構成員であって、CNRTに都合のよいことを発言するためにCNRTに任命された人たちであるといわれている。これぞまさにインドネシアのシステムであり、今度はこの会議でCNRTによって導入され、成功した。したがって、ポルトガル語が公用語として採用されるのではないかという多くの東チモール人が予想していたことは現実になった」。

インドネシア軍事占領時代のことを思えば、いま東チモールで起こっていることは夢のようだ。だがこの夢は決して夢心地にはさせてはくれず、夢の谷間の新たな苦痛を伴っている。国連を通して東チモールにつぎ込まれている多額の資金はいったいどこにあるのか、そんなお金を見たこともないし、恩恵にあずかったこともない。人口のせいぜい一〇％しか読み書きできないポルトガル語が公用語になりそうだ。今なにが起こっているのか。東チモールの庶民はさっぱりわからない。国連などの国際社会が東チモール人にみせびらかす非現実性は「CNRT国民会議」できらびやかに輝いた。

運命を決めた住民投票から、こうして一年がたった。

紛糾してきた言語問題

二〇〇〇年一〇月から正式に学校教育が始まった。では、学校教育の現場では何語が使われるのか。いよいよ言語問題が紛糾してきた。

CNRTの指導者はポルトガル語を公用語として採用するという決定をただ繰り返し発表するだけである。指導者によるこの発表は一九九九年後半から本格的にされるようになり、ついに「CNRT国民会議」で決定された。言語問題あるいは公用語問題を議論する場も設定されなければ、言語学者や知識人で構成される委員会も設定されない。指導者たちはポルトガル語が大切な言語であると説くだけで、なぜポルトガル語が公用語であるべきかを解いてくれない。大切ということと公用語であることは別問題である。ただ結論を繰り返す指導者たちに、庶民とくに若者らが反発するのは当然である。国連統治のもと東チモール人指導者と民衆の隔たりが悲しくも広がっている状況を、言語問題が象徴している。
一般に東チモールの言語問題とは、いまのところテトン語以外の地方語は登場せず、テトン語・ポルトガル語・インドネシア語・英語の四言語だけを巻き込んだ公用語問題と単純におもってもさしつかえはない。それぞれの言語が東チモールではどのような位置づけになっているのか、簡単にまとめてみよう。

テトン語（テトゥン語、Tetun, Tetum 本書ではテトン語と表記）。東チモールで最も多くの人が使用する言葉である。全人口が話せるとはいえないが最大の共通語といって間違いない。テトン語は一九世紀後半からキリスト教宣教師によって布教のために利用されたことから、インドネシア軍が占領するまえからすでに広く使用されていた。東チモールのカトリック教会内の公用語とはテトン語なのである。インドネシア軍にたいする抵抗運動のなかで、テトン語の話者ではない東部出身者もテトン語を積極的に学び民族解放闘争に参加していった。テトン語は異なった母語をもつ東チモール人の共通語として機能し、この四半世紀で弾圧の反作用としてさらに全土に広がっていった。したがって東チモール人にとってテトン語は「闘争言語」あるいは「抵抗言語」といえる。一般大衆に話されているテトン語は厳密にいうとテトン＝デリ（Dili）語あるいはテトン＝プラサ（Praça）語と呼ばれ、古くはポルトガル語が、近年はインドネシア語が、そして最近では英語が混ざりだした。これにたいし外国語の影響を比較的うけていない古典的テトン語はテトン＝テリク（Terik）語と呼ばれる。ただたんに「テトン語」といった場合、前者をさす。

ポルトガル語。東チモールがポルトガル植民地支配下にあったために古くから存在するヨーロッパ言語である。ポルトガルがヨーロッパのなかで低開発国であり、さらに一九七四年四月二五日までの約四〇年間続いたサラザール体制という独裁政権の性質上、ポルトガルは植民地の住民を教育することに興味を示さなかったし、その能力がなかった。そのためポルトガル語はほんの一握りの住民にしかゆき渡らなかった。東チモールでポルトガル語の読み書きができるのは一部のエリート集団にすぎない。しかしインドネシア軍事支配下ではテトン語だけでなくポルトガル語も抵抗の意志を表すため指導者によって使用されてきた言語であり、重要な役割を果たしてきた。ポルトガル語の読み書きができるエリート集団にとって、ポルトガル語は自己の拠り所の一部となっている。

インドネシア語。一九七五年から東チモールを侵略した国の言葉だ。インドネシア語は、「抵抗言語」のテトン語と敵対しながら東チモールに押し付けられていった。東チモール人はインドネシア語そのものをやみくもに敵視していない。実用性を重視する柔軟な態度をみせている。テトン語も英語もポルトガル語も話せなくとも、もしインドネシア語を話せたら東チモールを旅行して困ることはないだろう。インドネシア語を公用語にしようとする発想は東チモール人にはほとんどないが、インドネシア語はテトン語と並んで東チモールの大衆言語である。

英語。東チモール人が国際社会に祖国の惨状を訴えるときに使用してきた言葉である。ポルトガル語では役不足であることを東チモール人は重々承知していた。海外で活動する東チモール人指導者は国際舞台で英語を自由に操ってきたし、獄中のシャナナや山のタウルも必要があれば英語を使用してきた。ポルトガル語が堪能な東チモール人指導者たちは、この国連統治下で英語も堪能になってきた。インドネシア語で教育をうけた若者たちは英語を「国際語」とか「商業語」と称してその必要性を強く意識し、ポルトガル語を学ぶ暇があったら英語を学ぶべきだと考える。若い世代にとってポルトガル語は自己の拠り所の一部を占めていないからである。これが、ポルトガル時代に教育をうけポルトガル語の公用語化を推進するエリート集団と、インドネシア占領下で教育をうけた若者たちの言語観の違いである。

さて、多くの指導者たちがなぜポルトガル語を公用語にすべきかを説明しないなかで、シャナナ＝グズマンだけが明瞭な解説をした。シャナナはこう述べる――ポルトガル語を東チモールの公用語として採用することにしたのはＣＮＲＴの政治決断である。

なるほど「政治決断」であったか。ごちゃごちゃと議論しても無駄なこと、なぜならこれは「政治決断」であるから。シャナナはテトン語が今後発展すれば公用語になることもありえると賢くも逃げ道をつくっているのはさすがだが、「政治決断」の一言で民衆の意見をバッサリ切り捨てるのはなんとも乱暴な話である。

この「政治決断」は旧宗主国ポルトガル向けである。『チモールポスト』（二〇〇〇年七月二一日）に載った「ポルトガル語の地位が来月に正式化される」という題のポルトガル通信社「ルザ」の記事によれば、シャナナは「モザンビークの首都でポルトガルのジョルジュ＝サンパイオ大統領との会合において東チモールの公用語としてポルトガル語の選択を再確認した」。そしてシャナナが記者に語ったところによれば、「言語の選択は来月のCNRT国民会議で正式に御宮入りするだろう」というのだ。さらに、「この決定が、仕事のためのより広範な機会をえられるとして英語のほうを好む大勢の若い東チモール人の論議を呼んでいること」を承知しているシャナナは、「しかし事態が進展しているし、ポルトガル語の選択は八月に正式なものとなるだろう」と語ったというのだ。

このシャナナの発言から「CNRT国民会議」で決を採ってポルトガル語が選択されることはあらかじめ決まっていたことがわかる。そしてその〝結果報告〟を一ヶ月前にシャナナはポルトガル大統領にしているのだ。「CNRT国民会議」でなぜ公用語問題が国民的な議論に発展しなかったかがこれで納得できる。

「CNRT国民会議」開催をまえに、学生組織などから公用語の併用説が本格的に登場してきた。ポルトガル語を公用語としてもいいが、テトン語もいっしょに公用語として採用する案である。正書法が定まらない話し言葉のテトン語をいきなり単独で公用語として使用するのが難しいのなら、書き言葉として確立されているポルトガル語に公用語の主役の座を譲りながら、テトン語を公用語の現場で鍛えてみるというのはやってみる価値がある。東チモールは元来、多言語社会である。公用語が複数存在しても問題なかろう。事実、新聞でもラジオでも、テトン語・インドネシア語・英語・ポルトガル語の四ヶ国語が併用されている。国連統治機構の文書もこれら四ヶ国語に配慮されている。

学校で勉強する子どもたちにとっては、先生が授業で話す言葉がよくわからないという悩ましい状態がしばらく続くであろう。それでも独立して外国の言葉が強制されない環境が長く続けば、東チモールとしての本来あるべき姿がしだいに見えてくるはずだ。そのときに言語観の押し付けがない社会になっていることが大切である。

寂しい船出

二〇〇〇年一〇月七日、タウル＝マタン＝ルアク司令官はラハネと呼ばれるデリ郊外に引っ越した。民衆という海を泳いできたゲリラ司令官の潜伏生活は終わった。

わたしはタウル司令官の新居を訪ねた。見晴らしがよくきく高台にある家なので、ここからデリ市内と海を一望できる。タウルも雲の上の人になってしまった。この高台に立つとそんな感傷に浸ってしまう。

学校が正式に開校し、日がな一日遊びまくっていた子どもたちは一定の時間帯は学校に吸い込まれ、わたしの住む町内も静かになった。破壊された建造物は手つかずではあっても、瓦礫の山はかなり片付けられ、町並みはきれいになった。子どもたちは学校にとられ、ゲリラたちは民家から離れていく。「つまんないなぁ、こんな東チモールは」とわたしがいうと、「そういうなよ」とタウルが冗談につきあう。

タウル司令官はいま、東チモール支援国による国防計画会議の準備に専念している。この会議によって解放軍の将来像、つまり東チモールの国軍のあり方がほぼ決定されるのだ。チモール島東西の国境ではPKFと民兵が散発的に交戦し、解放軍もPKFの案内役として事実上参戦している。解放軍は二〇〇〇年八月ごろから忙しくなってきた。

二〇〇〇年一一月二一日から三日間、その国防計画会議が開かれ、東チモールの新しい軍隊の編成について東チモールと支援諸国は正式に合意をかわした。キングス大学「防衛研究所」が提示した三選択のうち、解放軍兵士を中核とする一五〇〇人の部隊と別の一五〇〇人から成る予備軍で構成される軍隊という提案が採用された。つづく一二月、新しい軍隊のための募集が開始された。ゲリラ兵士には、民間人にもどりたいか、国軍に参加するか、などを質問するアンケート調査がはじまった。解放軍へのこの調査は、国連・世界銀行・USAID（米国国際開発庁）が参加している。

そしてFALINTIL（東チモール民族解放軍）はFDTL（東チモール防衛軍）と名称が変更されることになった。これも東チモール人民のあい知らないところで決定されたことである。人びともはや激怒することはなくなったが、気持ちの整理をどうつけてよいのか、静かに悩んでいるようだ。

二〇〇一年二月一日、アイレウで解放軍からFDTLへの移行式典がおこなわれ、解放軍の歴史に幕が降ろされた。この日がFDTLの創設日となる。タウル＝マタン＝ルアクはFDTLの最高位の将軍に就任した。この時点でFDTLの構成員は第一回目の募集で解放軍から選ばれた六五〇人である。約七五〇人の元ゲリラ兵士が民間生活に戻ることになった。

FDTL創設式典のタウル大将は演説で、こう述べた。「これは新しい防衛軍である。なぜなら、組織構造・教義・訓練・軍事作戦・条件・哲学、これらがFALINTILと異なっているからである。しかしながら、新しい軍が発芽するその種とはFALINTILなのである。FDTLの第一回目の臨時募集はFALINTIL内から行なわれた。したがってわれわれはFALINTIL精神とその歴史の遺産とその象徴そして東チモール国民との絆が継続されることを約束できるのである」。

そうなることを心から願いたいが、現実はそうではない。不透明なFDTL創設過程は東チモールの団結を弱めている。

新聞『東チモールの声』（二〇〇一年二月二日）の記事によれば、一月二九日に国防軍創設にかんする規定が東チモール暫定内閣と国民評議会で承認されたが、それは暫定内閣の政治担当大臣・ピーター＝ガルブレイス（一九九三〜九八年にクロアチアの米国大使）の「押しの一手」によるものだという。この日に規約が承認されなければ二月一日の記念式典はできないぞという「押しの一手」だ。結論ありきの議論が実態だった。東チモールの非政府系組織で構成する団体「NG

Oフォーラム」は、こんな重要なことを決めるのにひと月だけの議論では不十分だと非難声明をだした。

さて、二〇〇〇年一一月、わたしが下宿するパルミラ母さんに初孫ができた。タウル＝マタン＝ルアクの運転手兼護衛のマリトの子どもだ。妻のロザは自宅の寝室で出産した。わたしの隣の部屋でもある。土曜日の午後、「ああ、もうだめ」という表情をしてロザは部屋に引っ込んだ。マリトはトラックに産婆さんを乗せてきた。近所の人たちもなんとなく集りだし、女たちは忙しそうに産婆さんを手伝い、男どもは手持ち無沙汰にただ雑談するだけである。面白いもので父親になろうとしているマリトは雑談の輪に加わらず、一人ぽつんとしゃがんでそわそわしている。気の早い弟のエウゼビオはお祝いのビールを買いに出かけた。

午後四時ごろ、ロザの叫び声がきこえだしてきた。自分の隣りの部屋で赤ちゃんが誕生するというのはわたしにとってもなかなかの体験である。断続的な叫び声がなかなか止まないのでわたしはロザの体力が心配になってきたが、午後五時、産声があがった。男の子である。部屋から出てきたマリトはほっとした表情をして、やった、やった、さあ、鶏にでもつぶすか、もとの表情にもどった。

いつも不機嫌そうな顔をして自分の店番をしているパルミラ母さんは相好を崩して孫の世話で大忙しである。普段はのっしのっしと面倒くさそうに歩くパルミラ母さんだが、孫がオギャーオギャーと泣くと、「はい、はい、おふろ、おふろ」といいながら軽快な足どりでお湯を沸かしお風呂の準備をする。困難な占領時代を生き抜いてきたパルミラ母さんの初孫を抱く喜びはひとしおであろう。

ところで、一般庶民にとってすっかり遠い存在になってしまったCNRTであるが、二〇〇一年六月五日から「CNRT／CN解散特別会議」が開催された。「国民会議」という華々しい全国大会を開いてから一年もたたずに解散会議である。独立とともに消えていく解放組織とはいえ、では、一年前の決議は何だったのか。当然、この「解散特別会議」ではこのような疑問がだされ、議論が紛糾し、二日間の予定が三日間の会議となった。

討論内容を要約するとこうなる。CNRT／CNがいま解散すれば国連統治機構との交渉が困難になる。国連統治機構は東チモール人をだますようなカーテンばかりを繕っている。CNRT／CNの解散は時期尚早ではないか、独立まで解散を待つべきだ。CNRT／CNは東チモール人にとって国民を統合する唯一の組織なので、これがなくなれば混乱する。国民は新しい政治状況にまだ準備できていない。いや、新しい状況に準備できていないのは国民でなくわれわれの方だ。解散前に政党の代表者全員が協定に署名すべきだ。解散後のCNRT／CNの財産管理をどうするのか。

議論の紛糾、おおいにけっこう。しかしこの会議にも、国連統治下の東チモールで定番となった疑問がついてまわった。「解散すべき、否、延期すべき」などの議論をしているというのに、解散式典の日取りが決まっているのだ。民主的に論議されているようにみえるが、じつは初めに結論ありきで、最後にはその結論を承認する運びとなる。陳腐な演出が繰り返されている。

ＣＮＲＴ／ＣＮがなくなれば、政党同士がまた内戦を始めるのではないか、このような不安が東チモール人には拭い切れない。「アンゴラのようになったらたいへんだ」と会場にいた元地下活動家がわたしにいう。

午後九時二五分、シャナナ＝グズマンがドラを鳴らし、静かに「ビバ（万歳）、チモール」といい、正式にこの会議は終了した。そして二日後の二〇〇一年六月九日、スポーツスタジアムで解散式典が開かれた。ＣＮＲＴの旗が降ろされ、たたまれた。シャナナ＝グズマンはこう宣言した。

「インドネシアにたいする抵抗運動に国民を組織し動員し導くために一九八七年にＣＮＲＭは創設され、その後継として一九九八年に発足したＣＮＲＴは、一九九九年八月、完全にその歴史的使命を達成したゆえ、

一九九九年一〇月にダーウィンで開かれた『国民政治委員会』の会合ではＣＮＲＴの新たな役割として政治的な移行手続きを計画化する義務を担うと再定義され、これは移行日程が示されたことによって完了したと考慮し、

二〇〇〇年八月二一日から三〇日にかけて開かれたＣＮＲＴ全国大会ではすでに自らの解散と必要なメカニズムの設定を見据えたことから、

東チモールで実施される最初の民主的な選挙に導き、新に進行する政治的枠組みの必要性を認

識しつつ、
六月五日から七日にかけて開催された『CNRT／CN解散特別会議』で採択された決議にしたがって、わたし、CNRT／CN議長であるカイ＝ララ＝シャナナ＝グズマンは以下のように宣言する。

二〇〇一年六月九日午後五時、CNRT／CNは正式に解散する。

祖国解放の殉教者たちに名誉と栄光を！

万歳！　CNRT。

万歳！　東チモールの国民」


解散するCNRTの餞として、「祖国解放の殉教者たち」の一人である故ニノ＝コニス＝サンタナ司令官の言葉をここで引用したい。ここでいうCNRMはCNRTの前身なので、CNRTの同義語と思ってかまわない。

「戦争が終わったら、CNRMはFALINTILのゲリラ兵士の亡骸とともに埋葬されることになる。CNRMが埋葬された野原のうえに複数の政党が花を咲かせ、祖国を建設するのである。戦争が終わったら、CNRMは政党に政治の場を与えるため消えていくのである」（拙著『東チモール・山の妖精とゲリラ』より、一九九七年）

二〇〇一年六月二一日、アイレウで訓練をうけていた六五〇名のうち二五〇人が卒業することになった。そしてこの日でポルトガル軍中心の訓練カリキュラムが終了となり、六月下旬に国防軍は新本拠地となるメティナロという場所へ移動し、そこではオーストラリア軍中心の訓練がはじまる。

国連統治機構によって一方的に進められる国防軍の編成にたいして、民衆や活動家だった若者たちだけでなく、兵士たちの不満も充満していた。その不満は飽和状態に達しつつあるという情報をわたしは得た。この卒業式典で、憤懣やるかたない兵士たちが自分の授かる肩章を投げ捨てる行為にでるかもしれないというのだ。国際社会の要人が出席する式典で兵士がこのような行動をとったら、タウル＝マタン＝ルアク大将の面目丸つぶれである。この情報を話してくれたのは、一九九三年以来のわたしの友人であり、インドネシア軍によって閉ざされた祖国から海外へ情報を発信しつづけた地下活動家ジョゼ＝アントニオ＝ベロである。元ゲリラ兵士たちから詳しい話を聴きにいこうと、わたしはジョゼ＝ベロとバイクの二人乗りをしてアイレウに行った。

アイレウは去年の解放軍の創設二五周年記念日（二〇〇〇年八月二〇日）以来、久し振りだ。一〇〇〇人以上いたゲリラ兵士は六五〇人に減り、かつ一ヶ所にまとまって軍隊生活をしているので、ゲリラの町という風情はかなり薄れている。解放軍の本部事務所だった建物には大きな韓国の国旗が飾られ、韓国人のＰＫＦ兵士四人の宿泊場となっている。その正面にある建物に、元ゲリラ兵士たちが宿泊していた。

まず驚いたのはかれらの重苦しい表情だ。こんな顔は戦争中にさえも見せなかった。筋金入りのゲリラ戦士だったかれらの沈んだ表情をみて、事態は想像以上に深刻であることをわたしは悟った。

ゲリラの英雄・故デビッド＝アレックス司令官の腹心であったアジュント＝アリン＝ラエクは現在の苦しい心情をこう吐露してくれた——人びとが真に心から自由を味わえるには二つのことが必要で、ひとつはインドネシア軍の人間またはそれにくみした人間に正義の裁きが下ること、もうひとつは解放闘争で犠牲になった遺族・未亡人・孤児・身体の自由が利かなくなった人たちへ暖かい支援の手が届くこと。この二つが成されていないので、いまはたしかに殺害・拷問・失踪はなくなったが、インドネシア軍事占領下で苦しんできた人びとはいまも苦しんでいる。このことが最近の多発する暴力事件の原因になっている——。

アリン＝ラエクたちが最も強調する点は、裁判にかけられて然るべきインドネシア軍関係者が国連統治機構に参加し国防軍の編成作業に関与していることだ。タウル＝マタン＝ルアクは地位が高くなりすぎて、この問題に適切に対処する時間を失っているとかれらは嘆く。

ジョゼ＝ベロは元ゲリラ兵士たちに、民衆の支持のない行動は支持できないぞという。アリン＝ラエクは、自分たちの行動は抑制できるが、他の者を抑制する力はないともいう。しかし、外からやって来たわたしたちに重苦しい胸の内を話してサッパリしたのか、元ゲリラ兵士たちの表情が少し和らいだ。

式典の前日、わたしは改めてアイレウにいった。きれいに整列した兵士たちをまえにし、レレ司令官があしたの式典について最後の指示を与えている。兵士たちが宿舎にもどったあと、わたしは知り合いの元ゲリラ幹部から案内されて、兵士たちが整列していた運動場の周りをぐるりと歩いてみた。溝あり、壁あり、ぶら下がりの棒あり……、まるで障害物競走の競技場である。外国部隊が東チモール人兵士をここで訓練しているのだ。

運動場を案内されているとき、わたしはアルフレド＝レイナド＝アルベスとばったり会った。アルフレドは一九九五年、エンジン付き小型船でデリからオーストラリアのダーウィンに脱出した一八名の東チモール人の一人である。アルフレドが舵をとった船長だった。一九九九年末ごろから、わたしはダーウィンでアルフレドの妻マリア（愛称ネティ）と二人の息子と知り合い、アルフレドとよく会う仲となっていた。このたびアルフレドは国防軍の第一期生となるため、妻子をオーストラリアにおいて一足先に祖国へ帰ってきたのである。

アイレウにわたしが初めてみる十字架が立っていた。その足元には石碑があり、こう書かれている。「FALINTILの殉教者の思い出に、一九七五年八月二〇日〜二〇〇一年二月一日」。FALINTILが誕生しFDTLとなるまでの約二五年と半年のあいだに亡くなった解放軍兵士たちを祀る慰霊碑である。

夕食をゲリラ兵士たち……、いや、国防軍兵士たちといっしょに食べることになり、わたしは食堂に案内された。ちょっと前までは、ゲリラとゲリラ支援者がわきあいあいと食事をつくり、それぞれおもいおもいに食事を口にしたものだが、いまは味気ない軍隊生活だ。食事班がガスを使用して大鍋で大量に食事をつくる。できあがった食事をまえに、皿を手にした兵士たちが列をつくり順番待ちをする。食事班が手際よく皿にご飯をもり、おかずをかける。きょうはおかずのうえにさらに鶏肉が添えられ、最後にオレンジが手渡された。この鶏肉は冷凍食品らしく、骨のところは冷たかった。オレンジはオーストラリアからの輸入品である。食事を終えた兵士たちはさっさと自分の宿舎にもどる。ああ、ゲリラ時代の食事の暖かさが恋しい。わたしは宿にもどるとき、宿営するアルフレドを見つけたので、「冷凍食品とは味気ないね」と声をかけると、「まあ、仕方ないだろう」。

二〇〇一年六月二一日、国防軍の第一期生卒業式典の日がやってきた。一〇時三〇分、ポルトガル軍の将校がポルトガル語と英語を併用して司会進行をはじめた。そして、いよいよ整列する兵士たちに肩章が与えられるときがきた。肩章を投げ出してこの場を去る者がでるか……、わたしはドキドキしながら見ていたが、何事もなく二五〇人への肩章授与式は終了した。何事もなかったことが善かったのか悪かったのか、たぶんこれでよかったのかもしれない……と思いたい……。

一年前の解放軍創設二五周年記念式典のときは、諸人こぞりて祝っていた。伝統的な唄や踊りがここかしこに自然発生し、その日を迎えることのできた喜びを表現していた。それにひきかえきょうの式典ときたら国連がお盆にのせた行事を東チモール人指導者が頂戴したもの、盛り上がる要素はなかった。民衆が血肉を分け合った解放軍がなくなったいま、民衆はたんなる観衆であり参加者ではなくなった。これは民主主義と相反するのではないか。東チモール防衛軍の寂しい船出である。

制憲議会選挙

東チモールは独立するまえに国の骨格となる大きなきまり、つまり東チモール憲法をつくっておかなくてはならない。東チモール憲法をつくる人間は選挙で選ばれる。そのための選挙、つまり制憲議会選挙の投票日は、二〇〇一年八月三〇日となった。独立を決めた住民投票日のちょうど二年後ということになる。

選挙戦は二〇〇一年七月一五日からはじまった。合計一六の政党と一六人の無所属候補が憲法を制定するための議会構成員の座を目指す。その席数は、比例代表制で全国から選出される七五と、一三の小選挙区（東チモールの〝地方〟、日本の〝県〟に相当）からそれぞれ一議席ずつ合計八八である。

選挙は圧倒的にフレテリンが優勢だ。心配なのはフレテリンへの無批判な支持である。フレテリン支持者によるパレードでは有権者でない小さな子どもまでもが車やバイクに乗って、ワー、ワー、と歓声をあげているのを見ると、独立を確保するためにフレテリンに投票しなければならないと勘違いしているのではないかと、少し不安がよぎる。

投票日の前日、テレビで国防軍のタウル大将は、「大切なのはこれまでの選挙戦ではなく、あした、あしたが大切なのだ。老いも若きも、男も女も、みんな、あした投票所へ行って、一票を投じてほしい」と静かに訴えた。

そして投票日の二〇〇一年八月三〇日。乾季の終わりが近づいている。首都デリの日ざしは強いものの、空全体は靄がかかっているように曇っている。湿気が高くなってきた。いったんかいた汗がひきにくくなった。風があるのは救いである。

九時ごろ、ビラベルデの大聖堂近くの投票場にいってみると、長蛇の列をなしていた。強い陽射しのなかで長時間待たなければならない。列に並ぶ人たちはみな正装をしている。とくに女性たちはきれいに着飾り、そして子どもや赤ちゃんを抱き、日傘をさしている。まるでピクニックの風景だ。待つことは苦ではないらしい。昼下り、デリ市内は閑散としている。そのわりには警察官の数が多い。騒動も事件もなく、投票が進んでいる。問題があるとすれば、湿気があって陽射しが強い天候だけ。午後二時一五分ごろ、再び大聖堂そばにある投票所にいってみると、列の長さはせいぜい一五メートルくらいに縮まっている。午前中にきた人は損したかもしれない。いまなら待ち時間は短い。静かで平和な投票風景だ。

東チモール防衛軍の創設日，2001年２月１日，アイレウにて。
タウル=マタン=ルアク大将（左）とセルジオ=ビエイラ=デ=メロ UNTAET 代表。（写真はアジュント=アリン=ラエクさんの提供）

「拍子抜けするほどの」という表現がまさにふさわしい静けさのなかで、八月三〇日の投票はとどこおりなく終了した。これは東チモール人全員の勝利である。

九月六日、選挙結果が発表された。下馬評通りフレテリンが圧勝した。全八八議席のうち五五議席をとった。一三ある小選挙区のうち、フレテリンは時間に間に合わず候補を擁立できなかったオイクシ以外の一二区すべてで勝利し、そのオイクシでは無所属の女性候補が当選。フレテリン以外の政党では、PD（民主党）が七議席、PSD（民主社会党）とASDT（チモール社会民主協会）が六議席ずつ、PDC（キリスト教徒民主党）・UDT（チモール民主同盟）・KOTA（チモール戦士同盟）・PNT（チモール国民党）そしてPPT（チモール人民党）が二議席ずつ、PST（チモール社会党）とPL（自由党）とUDC／PDC（キリスト教徒民主同盟／チモール・キリスト教徒民主党）が一議席ずつ、それぞれ獲得した。その他は獲得議席なしである。

国連統治機構が九月一〇日に選挙結果を正式承認し、選挙は終了した。国連統治機構のデ＝メロ代表はシャナナ＝グズマンやラモス＝オルタの二人の指導者と選挙の成功を喜び合い、満面の笑顔で、東チモールの選挙をみて多くの民主主義国家は羨ましがったろうとまでいい、東チモール人と選挙関係者に最大の賛辞を贈った。

しかしこれでいいのだろうか。わたしたちは少し後ろを振り返れば、欧米式の議会制民主主義が、例えばアフリカ諸国にいかに機能しにくいか、冷徹な歴史を見ることができるのだ。ここでまた同じような歴史が繰り返されたら国連はどう責任をとるのか。民主主義という名を煙幕にし

制憲議会選挙の投票に並ぶ人。2001年８月30日，首都のビラベルデ地区にて。

た押し付けの制度がうまく機能すると考えるのは無理があるとわたしはおもう。

西チモールでは依然として八万五〇〇〇から一〇万の東チモール人が難民生活を強いられ、民兵組織の迫害とともに暮らしている。庶民の破壊された民家は二年間も変わらない姿をみせているし、戦争の犠牲者に支援の手は届いていない。国防軍の元ゲリラ兵士たちは不満を胸に押し込んでいる。

制憲議会は二〇〇二年三月二二日、賛成七二、反対一四、棄権二、多数決により新しい憲法を採択した。テトン語はポルトガル語と並んで公用語となった。

第二部 亀裂

フレテリン政権下の東チモール

［上］フレテリン（東チモール独立革命戦線）のル=オロ党首（左）とマリ=アルカテリ書記長（右）。撮影は2000年，アイレウにて。
フレテリン政権では，ル=オロは国会議長，マリ=アルカテリは首相となる。
［下］フレテリンの大行進，2005年５月20日，独立３周年記念日，首都デリにて。

独立

二〇〇一年、アメリカ合州国で前代未聞の「九・一一」同時多発テロが起きた。わたしはラジオを聴いてこのことを知った。テレビでニューヨークの惨状の様子を見ようにも停電で見られず、翌朝、ようやくテレビでその想像以上の惨状を見ることができた。東チモールの友人たちも一様に驚いていた。

テレビで見るニューヨークの瓦礫の山もすさまじいが、一九九九年九月にインドネシア軍が東チモールに残した破壊跡も決してひけはとるまい。東チモールで起こったテロにたいして国際社会は戦う姿勢を示さない。「九・一一」のアメリカ合州国と一九九九年九月の東チモールを比べると、国際社会の二枚舌がはっきり見える。

さて、二〇〇二年一月一二日、国防軍へポルトガルから二隻の巡視艇が贈呈され、その式典が催された。FDTL海軍部門の発足である。海軍兵士が政府庁舎前を行進する。先頭をいくのがその指揮官に就任したアルフレド゠レイナド゠アルベスである。妻のネティと二人の息子が来賓席の場所へ近づこうとしたら、国連警察からここから先は入れないと追い出され、ネティは膨れっ面をしている。本日の主役の一人の家族であることを国連側は理解できないでいるようだ。国連の軍・警察のこうした無礼な態度はもう珍しくはない。しかしうんざりである。

アルフレドはデリ郊外のヘラという村にある海軍基地の責任者となった。しかしアルフレドは不機嫌な顔をしてわたしにいう。ポルトガルめ、一九七〇年代の古い船をよこしやがって。この二隻の巡視艇は「オイクシ号」と「アタウロ号」と名づけられた。

二〇〇二年二月二三日、「誓い」という言葉まで使って拒みつづけた大統領の座をシャナナ＝グズマンはついに目指すことになった。シャナナの周辺には常に国連の要人が取り囲んでいる。シャナナはもはや国際社会に担がれた神輿だ。シャナナが圧勝して大統領に選ばれることは確実である。しかしそれでは国連も手持ち無沙汰になり、三月一五日から四月一二日までの長い選挙運動はしらけたものになってしまう。それを救ったのはフランシスコ＝シャビエル＝ド＝アマラルの立候補だった。

アマラルはフレテリンの初代議長であったが、圧倒的なインドネシアの軍事力をまえに敵との妥協を図り、一九七七年に失脚した。フレテリンの創設日とされるのは、フレテリンと変名される前の組織ＡＳＤＴ（チモール社会民主協会）が創られた一九七四年五月二〇日である。制憲議会選挙で六議席をとったＡＳＤＴとはアマラルがインドネシア軍撤退後に改めて創った党であり、フレテリンの前身ＡＳＤＴと同じ党名を、初代議長だった立場を利用して、使用しているのである。紛らわしいことだ。アマラルはとうの昔に解放戦線を退いた人間であり一般には人気はない。しかし地元の名士であり続けている。ともかくフレテリンの歴史からすればシャナナの大先輩であるアマラルが出馬したことで、大統領選挙が成立した。

二〇〇二年三月四日、日本の自衛隊の先遣隊が東チモールに到着した。これを皮切りに四月一一日までに施設部隊六八〇人の隊員がやってきた。この部隊は道路・橋の補修工事をする。この時点で東チモールの自衛隊は海外派兵としてはカンボジアを上回る過去最大規模だ。勤勉に働く自衛隊を東チモール人はおおむね歓迎しているのはたしかだ。ある日、アルフレドがわたしを車に乗せ、この道路はポルトガル軍が駄目にして日本の軍隊が直してくれた、と案内してくれた。ポルトガル軍が台無しにした道路を日本の部隊が直してくれると言われているぞ、とアルフレドはいう。一般に、ポルトガル軍の評判は悪く、自衛隊は真面目というイメージが東チモールにある。

だが日本軍による戦争責任を問う声も決して小さくはない。日本軍は東チモールを一九四二年二月から三年半占領したのだ。先遣隊が到着したデリの空港前で「一九四二年から一九五四年のあいだ四万人が死んだ、日本は責任をとっていない」と抗議デモが起こった。東チモール人指導者たちはこの抗議の声をひたすら無視し、自衛隊を歓迎した。それにしてもわたしは疑問におもう。二〇〇二年のこのとき道路や橋の補修作業に軍隊があたる必要はどこにあるのだろうか。二〇〇二年四月二九日、日本の小泉首相は東チモールの自衛隊を訪問し、すぐ汗びっしょりになってしまう気候での仕事は自衛隊でなければできない、という意味のことをいった。軍事情勢ではなく気候によって自衛隊を送る送らないを政府は判断するというのか。

さて、大統領選挙に話をもどす。シャナナ候補とジャーナリストとの質疑応答のなかで、日本の自衛隊を受け入れたのはなぜか、過去の日本の戦争責任を問う声もあるが、という質問に、シャナナは「過去ばかりを見てはいけない。現状や将来も見なくてはならない。それにわたしは女性が『わたしは第二次世界大戦の犠牲者だ』というのを見るのは好きではない」と答えた。国際的な関心事であるテロ問題についてきかれると、「それはラモス゠オルタにきいてくれ」とただ一言。大統領に就任したらインドネシア軍占領下で犠牲になった人びとについて何をするのか、正義をどのように行使するのかという東チモール人が最も関心の高い問題についてこう語った。「それよりも優先して取り組むべきことがある」。解放闘争時とは人が違ったような発言である。アマラルと同様にシャナナも注目すべき発言はなし。勝負は見えている。競い合いはまったくない。選挙戦は完全に出来合いであった。

二〇〇二年四月一四日、大統領選の投票日、投票は午後四時で締め切られた。午後は大雨が降った。雨のせいばかりではあるまい、投票率は前回の制憲議会選挙の九一・三%を下回り、八六・三%と九〇%をきった。四月一七日、結果の発表。シャナナ゠グズマンは八二・六九%の得票率で圧勝。シャビエル゠ド゠アマラルはアイレウ・アイナロ・マヌファヒの三地方で票を伸ばし地盤がそれなりにあることを証明、一七・三一%、これは大健闘といってよい。アマラルのおかげで国際社会はシャナナの勝利を「地滑り的勝利」と高らかに宣伝することができたのである。

独立まであと五日となった五月一五日、アルフレドがわたしをアタウロ島へ連れて行ってくれた。この日、国防軍のポルトガル語教師やポルトガル軍関係者と軍の船でアタウロ島へ船旅をする行事が催されることになったが、ポルトガル嫌いのアルフレドはポルトガル人ばかりなのはよくない、一人ぐらい日本人もいるべきだ、おまえも参加しろ、と招待してくれたのだ。わたしは喜んで招待をうけた。

午後二時一〇分ごろ、ヘラの海軍港を巡視艇「オイクシ号」は出港し、目の前のアタウロ島へまっしぐら。船にはポルトガル人軍事教官とその妻、ポルトガル語教師の若いポルトガル人女性たちなど、その他数人のポルトガル人が乗船していた。

招待客にとってはたんなる行楽でも、船員にとっては仕事である。アルフレドたちは〝乗船客〟に定期的に見回りをし問題ないかを確認している。操舵室の見学も許された。舵を握るその海兵はおそるおそるした手つきをしている。狭い甲板だが心地よい波飛沫と風を浴びながら、わたしは初めて見るこの海域でのこの角度の風景を楽しんだ。デリ沖合いからはアタウロ島に隠れて見えない島が見えてきた。するとアルフレドが話しかけてきた。アタウロ島を指差して、「こっちが東チモール領で」、アタウロ島の後ろに見えてきた島を指差し、「あっちがインドネシア領だと、誰がいったいそんなことを決めたのやら」。

午後三時半ごろ、アタウロ島沖合いに巡視艇は泊まった。島へは着岸しない。海兵はエンジン付きゴムボートを使って数回に分けてわたしたちを島へ上陸させた。どんぶらこ、どんぶらこ、このゴムボートの波乗りにはとても興奮した。海にのまれるくらいに水飛沫をうけ、スリル満点だった。島の土を踏んだときはすでに午後四時半近く、陽は傾きかけている。浜辺では子どもた

アルフレド=レイナド=アルベス（左）が海軍の巡視艇「オイクシ」号の舵をとりアタウロ島へ向かう，2002年5月15日。

ちがサッカーの試合をし、村人が観戦している。午後六時ごろには「オイクシ号」に戻らなくてはならないので、島での自由時間は一時間ちょっとしかない。浜辺周辺の散歩しかできなかったのが残念だが、ポルトガル植民地時代の名残りを海辺でも見ることができた。

六時出発の予定であったが、ポルトガル人が時間を守らずゆっくりと遅れて集合したので四〇分遅れの出発となった。アルフレドは文句たらたらである。潮の流れのせいか、遅れを取り戻そうとしたのか、帰りは行きより速度が速い。星空は甲板を照らさず、真っ暗な海で「オイクシ号」の操舵室が美しい光を放っていた。独立前の楽しいひとときであった。

ヘラからビラベルデへの帰りは、ポルトガル語の女性教師も同乗したのでアルフレドと二人っきりの話はしなかったが、行きは二人きりとなった。このとき、アルフレドは最近よく眠れないと悩みを打ち明けてくれた。多額の資金の用途は国連の用意したきれいな書類に署名され決まってしまうが、その書類に何が書かれているかを知る者はほとんどいない。これでは東チモールの経済は発展できない。軍隊内でこうした批判を口にすると、「お前は、上の地位を狙っているな」と後ろ指をさされ孤立してしまうのがやりきれないらしい。

アルフレドは海外生活者として軍内部では人脈は少ない。それでもタウル＝マタン＝ルアク大将からの要請で今の職務に就いた。アルフレドはそのタウルについて、西側の援助攻勢にたいしてあまりにも無防備だと批判するのであった。

二〇〇二年五月一九日、いよいよ明日、東チモールは独立する。この一週間、国連による治安警備が強化された。ヘリコプターが夜間も飛んでいる。インドネシアの戦艦が東チモールの領海侵犯をした。インドネシアはまだ気持ちの切り換えができないとみえる。独立式典はタシトゥール という場所で夕暮れから始まり、独立宣言は零時、そのあとも午前二時ごろまで行事は続く予定だ。

午後六時ごろ、独立式典は賛美歌や民族衣装の踊りを交えたミサから始まった。八時少し過ぎ、ベロ司教（一九九六年、ジョゼ＝ラモス＝オルタとともにノーベル平和賞を受賞）が壇上に登場し、シャナナ＝グズマンが持つ国旗に聖水をふりかける。次にベロ司教がテトン語でしゃべり出すと、シャナナはベロ司教の前に立った。八時二五分、ベロ司教の話が終わると整列した兵士のあいだを十字架をもった聖職者が歩いた。わたしはだいたいこのへんまでの様子をテレビで観て、九時半ごろコモロ空港近くの環状交差点に移動し、そこから三〇分ほど歩いてタシトゥールの会場へ向かった。ちょうど出番が終わった兵士たちが会場を後にしているときで、顔馴染みの元ゲリラ兵士たちとすれ違いになりながら会場へ向かった。コモロからタシトゥールへ続く道は人でごったがえしていて、思い通りの速さで歩けない。ひとつの国家が生まれようとする瞬間、言葉にならない、なんともいえない雰囲気だ。このときばかりは国連統治への欲求不満は忘れてしまう。

夜も深まり一一時近く、亡くなった英雄たちの写真が会場に設置された大型画面に映し出されると、会場から歓声が湧きあがった。ゲリラの英雄・故コニス＝サンタナ司令官が一人で座っている写真（山城周桑カメラマン撮影、拙著『東チモール・山の妖精とゲリラ』の表紙）やわたしとコニス＝サンタナの二人が写っている写真も大画面で映し出されたときは、わたしも感極まってしまった。いま整列している兵士たちの表情が大画面で映されると、かれらの顔も涙で光っていた。大画面の映像は、解放闘争時代からしだいに国連統治の写真・映像へと変わり、現在の国づくりの場面へと切り替わっていった。

一一時一三分、ラモス＝オルタが演壇に登場、式典に参加した世界各国の要人を紹介し、国際社会へ謝辞を述べる。そのなかでクリントン元アメリカ大統領を紹介すると会場から歓声があがった。「どうですクリントン元大統領、あなたは東チモールでも人気者ですよ」とラモス＝オルタはクリントンの方を見ながら語りかけた。最後にラモス＝オルタは「シャナナ大統領はただちにメガワティ大統領と働きだします」というとインドネシアのメガワティ大統領とシャナナは立ち上がって手を振った。一一時二八分、ラモス＝オルタの演説が終了、独立まであと三二分。色とりどりのTシャツを着た子どもたちと伝統衣装を着た若者たちが踊りだした。コフィ＝アナン国連事務総長とメガワティ大統領のあいだにシャナナが座っているが、シャナナはもっぱらコフィ＝アナンと話をしている。踊りの解説をしているようだ。メガワティの隣にはシャナナ夫人が座りデ＝メロ代表もいるが、誰もメガワティ大統領に話しかけない。孤立しているメガワティはちょっとかわいそうだ。

一一時四八分、コフィ＝アナンが壇上に登場、演説をはじめた。四五年前、自分の国ガーナの独立を思い出し、興奮を禁じえないと語りだす。テトン語に訳されながら途切れ途切れに演説す

独立式典会場に集まった人びと。右端はパルミラ母さんの三男・エウゼビオ。2002年５月20日，タシトゥールにて。

るので、タイミングを計るコフィ＝アナンの大きな目がキョロキョロしている。「みなさんのために働けたことをとても名誉に思います」といったところで大きな拍手が湧いた。最後、コフィ＝アナンは「東チモール万歳、オブリガード・バラック（どうもりがとうございました）」とポルトガル語とテトン語を混ぜて話を終えた。もう日付変わって零時を回っている。次に、女性歌手が「おお、自由よ、おお、自由よ〜」とアカペラで熱唱すると、国連旗がゆっくりと降ろされ、そしてたたまれ、コフィ＝アナンの手に渡された。厳かな雰囲気が会場を包む。

二〇〇二年五月二〇日、〇時一六分。国会議長となるフレテリン党首のル＝オロが壇上に登場、一連の演説をしたあと、〇時二四分、国際社会の承認のもと東チモール民主共和国の独立を宣言すると発した。一九七五年一一月二八日のフレテリンによる独立宣言以来、フレテリンの創設記念日にあたるこの日の、二度目の独立宣言だ。そして国歌「祖国」の演奏とともに国旗が揚がった。拍手と歓声のかなで〇時二七分、国旗掲揚が完了した。東チモール民主共和国の誕生（または独立の回復）の瞬間である。

このあとシャナナ＝グズマン大統領（もう大統領だ）が国際社会に謝辞を表す演説をして、〇時五五分、合唱とともに、今度は巨大な国旗が壇上後ろからニョロニョロと登場。すると花火がドド〜ンと上がり、しばしの花火大会が始まった。厳かな雰囲気がいっきに賑やかに盛り上がり、式典は祭りになった。そして三時まで音楽コンサートが催された。

明けて五月二〇日の朝、国連統治機構の本部から東チモール政府庁舎となったその前で、東チモール政府発足式がおこなわれた。わたしは三時までコンサートに付き合い、大勢の観衆とともに二時間半かけて市内へ歩いて帰ったので、寝たのは朝の六時ごろ、昼過ぎまで寝ていてこの式は見学できなかった。

それにしても一〇万人はいたであろうか、タシトゥールからデリ中心地へ歩いた未明の群集は。群衆が一本道を歩いて市内へ歩いたその光景を空から見たとしたら、さながら平和の大行進であったろうに。二時間半のこの行進中、見知らぬ同士みんなと共有できた一体感――一生忘れられない思い出である。

政府発足にともない、さまざまな書類に次々と署名された。チモール海の油田開発の利益分配の合意書やら諸外国や国連との外交文書やら……。ともかくマリ＝アルカテリ首相率いるフレテリン政権がこの日から始動したのである。

これをもってUNTAET（国連東チモール暫定統治機構）は任務終了、代わってこの日からUNMISET（ウンミセト、国連東チモール援助団）がしばらく治安維持の権限を保持しながら東チモールの国づくりを二年を目途に支援していくことになる。

二〇〇二年九月二七日、東チモールは国連の第一九一番目の加盟国となり、国際社会の一員ともなった。

なお独立日の少し前、FDTLの名称は国民感情に配慮し、FALINTILのFを冠むるF－FDTL（ファリンテル―東チモール防衛軍）となっている。

さっそく発生した暴力事件

二〇〇二年八月、インドネシア人権特別法廷は一九九九年の住民投票をめぐる騒乱の責任を問う審議において、インドネシア当局関係者に一審判決を下した。六人が無罪、東チモール人の〝東チモール州知事〟だったアビリオ＝オゾレス＝ソアレス一人だけに三年の禁固刑が言い渡された。茶番である。〝州知事〟や行政区長や警察部長、民兵指導者、さらにインドネシア軍のある程度の幹部が起訴されたとしても、そして万が一、インドネシア軍の幹部が有罪になる奇跡的な出来事が起こったとしても、本質から目を背けさせるための茶番であることに変わりはない。一九九九年のみならず二四年間のインドネシア軍による東チモールにおける戦争犯罪は、実行犯がインドネシア軍、その背後にいたのはアメリカ合州国である。その構造関係に国際法廷のメスが入らなければ東チモールの正義は否定され続けることになる。いまは非現実的で不可能であっても、このさき何十年かかっても、東チモールへの正義は達成されなければならない。

インドネシア国内の裁判に東チモール人は期待しないかもしれないが、やはり自分たちの指導者には期待している。だからこそシャナナ＝グズマンやラモス＝オルタなどの指導者が、インドネシアへの配慮を自国の正義より優先させていることに落胆しているのだ。侵略軍が撤退した。独立を達成した。次いで獲られるものだとばかり思っていた正義を東チモール人は手にできない。

心が解放されない。重苦しい空気への反作用として、仕事のない若者の不満も交錯して、暴力事件が発生するのである。

二〇〇二年一二月、警察の横暴へ抗議する若者らの行動が反政府暴動へと発展してしまった。一二月三日、警察は若者同士の抗争を調査するため高校に立ち入り生徒を捕まえたが、その横暴な警察のやり方に怒った数百人の若者らは警察のバイクに火をつけ、そして催涙弾で追い払われた。翌日、若者らは再結集、石とパチンコで武装し警察本部へ向かった。警察は警告の発砲もしたが、あきらかに水平射撃をし、一四歳の少年を死なせた。怒った若者の群れは暴徒と化し、オーストラリア人経営のスーパーマーケット「ハローミスター」と、その隣の「ホテル＝デリ」（旧レゼンデホテル）が燃やされ、そしてその向かいにある政府庁舎の窓ガラスを割った。止めに入ったシャナナ＝グズマン大統領は無視され、そして「次はマリ＝アルカテリの家だ」と誰かが叫び、暴徒はアルカテリ首相の家族の家二軒に放火した。この日、二人の若者が死亡、翌日約八〇名が拘束された。

「ディリの日本大使館によると、東ティモールにはPKO参加の自衛隊員を含め約七百四十人の邦人が滞在。うち自衛隊員を除くディリ在住の五十九人の無事を確認した。日本の内閣府事務所があるビルも激しい投石を受け、所員は郊外の自衛隊駐屯所に避難した」（『東奥日報』［二〇〇二年一二月五日］、共同通信の記事より）。

わたしは、マリ＝アルカテリの家族の家も含め、焼き討ちにあった建物を見て回って妙な気分になった。暴動で被害にあった建物は周囲に溶け込んだなという印象を抱いたのだ。とくに浮いた存在だった贅沢の象徴「ハローミスター」の焼け跡は、独りでいいカッコウをするから壊されるんだといわれているようであった。

「人の家に放火し、略奪すれば、外国人は出て行き、われわれは貧困に取り残され、忘れ去られるだろう」とシャナナ大統領は国民に規律を訴え、アルカテリ首相は「この暴動の背後には政治勢力がいる」といった。

この暴動から三つのことがはっきりした。武器使用・人権にたいする警察官の未熟さ、シャナナ=グズマンのカリスマ性の喪失、暴動の矛先が一足飛びに向けられるほどマリ=アルカテリ首相が嫌われていること。

東チモールに派遣されていて休暇中の自衛隊員がこの暴動のことをわたしに話してくれた。暴動が発生したときオーディアンという所にいて、野次馬が「あぶないからこっちへ逃げろ」と親切に助言をくれたという。暴徒は「かんたんに火をつけちゃうからな」、警察の行動にたいしては「デモ隊に発砲しては、いくらなんでもマズイですよ。結局、警察はよく訓練されていないんじゃないですか」という。

UNMISETのカマレシュ=シャルマ代表は、暴動時の行動について七名の警察官が停職処分と取り調べを受けていると発表した。警察には国連も大きな責任を負っている。時間を少し遡ると、二〇〇〇年三月二七日、UNTAETが警察学校を開校し、東チモール警察官の第一期候補生五〇名（男三八名、女一二名）が入校した。その日がＰＮＴＬ（東チモール国家警察）の創設日である。以降、ＰＮＴＬは国連主導で育成されてきたが、警察官養成において人権教育がたったの三時間の研修だけだという批判もある。それにたいし東チモール人指導者はというと、警察組織の構築をまるで外部発注している顧客である。大統領も政府も警察官の質の問題について驚くほど認識が甘く、暴動事件の原因になんら有効な手段は講じられなかった。これ以降も警察官はなにかと世間を騒がすことになるのである。

二〇〇三年一月四日から五日にかけ、インドネシアとの国境から約三〇㎞離れたところに位置するアトサベという村で、民兵らしき者たちが住民を襲い、少なくとも三人が死亡する事件が起きた。民兵から住民を守るため、国防軍の出動となった。かつてのゲリラ兵士が山岳部での本業を開始した。国連軍も活動したが、国連軍は大きな車両でパトロールするだけで、これでは逆に犯人を逃がしてしまう。国連部隊はちゃんと仕事をしていない、ポルトガル軍は仕事しているふりをしているだけだ、国防軍兵士は嗤う。

二週間以内に、国防軍は殺人に関与した容疑者およそ六〇人を捕まえ、デリ地方裁判所に送ったところ、その半分がすぐ釈放されてしまった。国連の文民警察長官や民間の司法制度監視団体は国防軍が個人を捕まえる法的根拠はない、人権侵害の疑いありと国防軍を批判すると、国防軍は住民の証言を得て容疑者を拘束したと反発した。わたしの知り合いの国防軍兵士は、「何が人権侵害だ。犠牲者の人権はどうするんだ」と批判者を批判する。法整備が不備なのは事実かもしれないが、だからといって殺人容疑者が自由に道を歩いては村の生活が成り立たない。

アトサベの殺人事件で国防軍が大量に捕まえた者たちは「コリマウ二〇〇〇」と呼ばれる集団の者たちであった。いま社会問題を起こす集団として、民兵残党の集団、CPD-RDTL（東チモール民主共和国―防衛人民評議会）という政治結社、在郷軍人会を自称する集団、そしてこの「コリマウ二〇〇〇」がある。民兵残党は読んで字のごとしの集団であり、CPD-RDTLは我こそは本物のフレテリンであると主張し、しょっちゅうフレテリンや住民と衝突を起こす団体で、在郷軍人を自称する集団とは、例えば、インドネシア軍撤退後、ロジェリオ＝ロバト（フレテリンの英雄ニコラウ＝ロバトの弟）が正当な在郷軍人会に対抗してつくった集団があり、自分の存在感を誇示するための集団である。ロジェリオ＝ロバトはおかげで内務大臣という地位を得た。集団や結社を立ち上げ社会問題を起こせば、地位を狙えるという風潮が東チモールにはある。このような集団は裏で政界とつながっているという指摘もある。「コリマウ二〇〇〇」は民兵組織と呼ばれながら、国連によっても政府によっても一掃されないのが不思議だ。

二〇〇三年一月二〇日の午前中、「美しきチモール」というラジオ局は国防軍が人権侵害をしているという批判について聴衆者の意見を聴く番組を放送した。いくつかの意見を聴いてみよう。

（男性）「F-FDTLがせっかく捕まえた者たちは釈放されているが、その理由がわからない。住民は眠れない夜を過ごしているというのに」

（男性）「Ｆ－ＦＤＴＬは捕まえた者を警察に引き渡し、検察側はＦ－ＦＤＴＬの行動に敬意を表しているので、国連警察のピーター＝ミラー長官はＦ－ＦＤＴＬが人権侵害をしていると言うべきではない」

（男性）「ピーター＝ミラーは間違っていない。この国の平和に貢献するために国連で働いているこの外国人は、民兵についてよくわからないのだから」

（女の子）「『コリマウ二〇〇〇』は間違っていない。あんたのリーダーに『コリマウ二〇〇〇』を刑務所に送らないでと頼んでよ」

（年配の男性）「ピーター＝ミラーがＦ－ＦＤＴＬに民兵を逮捕する権限がないというのなら、誰が逮捕するのか。去年一二月すでに民兵の情報があったのに国連は何もしなかったから、三人の住民が殺された。殺されたその人たちに人権は無いのか。国連は何しにこの国に来たのか」

（男性）「政府は政治結社・集団の形成について制限すべきだ」

（女性）「『コリマウ二〇〇〇』のような集団は解散すべきだ。一つの団体はしっかりした組織構造をもたなくてはならない」

（女性）「Ｆ－ＦＤＴＬはなぜこっちにきてもっと活動しないのですか」

この一月、国境近くの村だけでなく、東部バウカウ地方でも民兵残党が逮捕され武器が押収されている。民兵残党はまだこの国に潜んでいる。このような状況下で世論はおおむね国防軍に味方している。シャナナ＝グズマン大統領も国防軍が人権侵害したなら辞任すると国防軍をかばった。

イラク戦争をめぐって

二〇〇三年二月から四月ごろにかけ、わたしはヘラにある海軍の兵士に英語を教えた。海軍部門の責任者であるアルフレドは、ポルトガル人がポルトガル語を教えていることに強く反発し、英語を教えてくれとわたしに頼んできた。いま国防軍は組織づくりの方向性がまだ定まっておらず、手持ち無沙汰の一般兵士たちはとりあえず若いポルトガル人女性からポルトガル語の授業を受けて時間を使っている状態である。わたしのような外国人が、さほど忙しくない午後の時間帯に英語を教えるぐらいはできた。それほど兵舎の生活はまだゆるい状態であった。

ヘラを見学するのも、移動中の車のなかでアルフレドと議論するのも、そして授業も楽しかった。あるとき兵士たちが黒板の文章を書き写すのがあまりに遅いので、わたしが「お前ら書くのは遅いなぁ、兵士は食うのは速いけど」というとクラスは笑いでドッと沸いた。冗談がうけて、わたしはとしてもうれしかった。

二月二七日、ヘラに向かう途中、浜辺が黒山の人だかりになっていた。鯨が一頭、岸に乗り上げて死んでいたのだ。夜のテレビニュースでもこの話題が紹介された。鯨の体長は八メートルだという。この辺の海は、珊瑚礁・イルカ・鯨の棲息域として、無限の観光資源を秘めているといわれる。鯨は東チモール人には珍しい存在ではない。テトン語で「イカン・ボート」つまり「大きな魚」という定着した呼び方がある（鯨は魚ではないが）。一九九五年、船でダーウィンに脱出したアルフレドたちはイルカを見ても鯨は見なかったが、アメリカ文学の名作『白鯨』でチモールに出現する伝説の鯨が話題となる場面がある。この作品に登場する鯨は創作上のものもあるが、チモールの鯨は実在上のものだと解説書にある。『白鯨』はグレゴリー＝ペック主演・ジョン＝ヒューストン監督で映画化され、そのなかで捕鯨船員がチモールに出現する鯨の名前を「タイモー＝トム」と、Ｔｉｍｏｒを「タイモー」と発音している。岸で死んだこの鯨はチモール＝トム君の子孫かな……？

二〇〇三年三月二〇日、わたしは海軍のヘラ基地で授業の準備をしているとき、タウル＝マタン＝ルアク大将が基地視察にやって来た。いまではすっかり遠い存在になってしまったタウル大将と面と向かって会話をするのは久しぶりだ。この日はちょうど、アメリカがイラク攻撃を開始した日である。立場上あからさまなアメリカ批判はできなくなったが、タウルは「アフガニスタンを見ればわかるが、何の解決にもならない」とわたしにいう。

アメリカ軍によるイラク攻撃前、世界の反戦運動に同調して東チモールでも反戦の声があがり、「イラクを攻撃するな」などと書かれたプラカードを掲げたデモが起こった。東チモール人の平和活動家は、アメリカのイラク攻撃を非難するのはもちろん、自分たちの指導者が東チモール人として反戦の立場を明確に表明しないことに失望した。ジョゼ＝ラモス＝オルタ外務協力大臣が、自分自身も戦争で家族を失った東チモール人であることを強調しつつ、サダム＝フセイン独裁政権で犠牲者になった人びとを引き合いにだしてアメリカ政府の立場を擁護すると、東チモールの市民団体「ラオ＝ハムトゥク（ともに歩む）」は反論した。この団体がイラク戦争勃発後に発行した小冊子（二〇〇三年三月）にこう書かれている。

「アメリカ（とその二一～三〇の支援国）とイラクの戦争は世界が懸念する問題であり、世界中の人びとが声をあげなければならない。イラク戦争は東チモールに直接関係する問題ではないが、戦争と抑圧のおぞましい体験を最近してきた東チモール人には独自の視点がある。われわれは、国連と密接に関係してきたこの三年間、国連が平和に取り組み維持する必要不可欠な役割を担っていることを学んだ。

二月一五日、世界中の反戦デモに参加して、東チモール人もアメリカ・イギリス・オーストラリアの大使館前で平和的なデモ行進をし、アメリカ大使とイギリス大使とも話をした。われわれ（と世界の多数を占める国と国連）はアメリカ合州国とその同盟国がイラク攻撃をおもいとどめさせることはできなかったが、この攻撃は、国連安保理の無視であり、弁護できず、不道徳で、犯罪である。

イラク戦争の先頭に立つアメリカ・イギリス・オーストラリアは一九九九年から東チモールの独立を助けてきた。しかしその一方でこれら三ヶ国は、一九七五年から一九九九年まで、東チモール人を殺し拷問するための武器や訓練をインドネシア軍に与え、インドネシア軍による残虐な東チモール軍事支配を援助してきた。少なくともサダム゠フセイン程度には血塗られ残虐であったスハルトを失脚させようとはせず、一方ではイラク市民などから多大な犠牲者を生み出してまでサダム゠フセインを失脚させようとするこれら三ヶ国の企みに、われわれは道徳的な原理原則のないことを見てとれるのだ。われわれはサダム゠フセインの独裁体制を擁護しないが、戦争は答えでない、と考える大多数のアメリカ人・イギリス人・オーストラリア人と想いを分かち合う。

われわれは短期間の国連展開に常に批判的であったが、紛争や不正義や平和を脅かすものにたいして平和的に問題解決しようとする国連の基本原則を信じてきた。（略）すべての東チモール人が知るように、インドネシアが東チモールを侵略し、大勢の東チモール人が犠牲となった。しかしこの占領の二四年間、東チモール抵抗組織も、どの外国政府も、インドネシアを侵略しインドネシア市民を攻撃することを善しとしなかった。インドネシア人はわれわれと同じようにスハルト政権の犠牲者なのであり、スハルトの犯罪ゆえに罰せられるべき存在ではないのだ。同様に、サダム゠フセインの抑圧下で暮らしてきたイラクの人びともサダム゠フセインと同列に扱われるべきではない。イラクを侵略することは、この一〇年間の制裁措置で何万

もの人たちが死んだうえに、さらにイラク市民を殺すことになるのである。（略）

独立したてでも東チモール政府は国際社会の一員であり、世界の決定に責任を負っている。去年の九月、国際紛争を平和裡に解決するとした国連憲章に批准しているのだ。東チモール政府は国連によるイラクへの査察継続と武器解除に票を投じるべきである。そして何の落ち度もない市民を苦しめる経済制裁と軍事活動に反対すべきだ。

イラク政府の転覆を図るアメリカのブッシュ政権を賞賛し支持するラモス＝オルタ外相の声明記事にわれわれは仰天した。このノーベル平和賞の受賞者は、最近ワシントンに恩を着せられているとはいえ、世界の正義・平和・自決権のモデルとなるべき東チモールの主張を傷つけた。

この三年間、多くの国々と国連、そしてくだんの三ヶ国は、弱者が権力乱用から守られる法律の役割を東チモールで説いてきた。小国でも大国でも法律はそうあるべきだ。われわれはすべての国が国連決議を尊重することを要求し、われわれの手から法律を奪い戦争をもたらすことに反対する」

市民団体「ともに歩む」のいう「戦争と抑圧のおぞましい体験を最近してきた東チモール人」ならではの「独自の視点」は、東チモールの宝であり、東チモールが世界中に広げるべき平和の理念、平和の手段だ。東チモール人は世界平和の伝道者となる資格がある。しかしラモス＝オルタは東チモール人の「独自の視点」を否定して、〝寄らば大樹の蔭〟政策で東チモールの外交を牽引するのである。

大衆の支持を失っていくフレテリン

ラモス＝オルタ外務協力大臣に代表されるこうした大国重視の外交政策は、東チモールの団結を弱めている、いわば外交的要因である。

では内政的要因は何か。マリ＝アルカテリ首相に代表されるフレテリンによる政権運営である。例えば、もう一人のノーベル平和賞受賞者・ベロ司教とマリ＝アルカテリが論争をすると、アルカテリは自分は選挙で国民に選ばれた者だが、ベロ司教は選挙で選ばれた者ではないと嫌な言い方をする。ちゃんとした論争をしないのだ。相手を刺激し反感を買う言い方はマリ＝アルカテリの悪い癖である。また例えば、チモール海の天然資源をめぐるオーストラリアとの不透明な交渉にかんしてデモ活動が起こると、デモ活動は憲法で保障されているのでデモをやっていい、しかしわたしが首相だ、決めるのはこのわたしだ、とデモ活動を見下した言い方をする。このような発言の仕方はフレテリンに票を投じた有権者を失望させるに十分である。マリ＝アルカテリ首相は政治家らしい物の言い方を少し学ぶべきだ。

なお、ベロ司教は二〇〇二年一一月に、ローマ法王に司教の辞表を提出し、その後、東チモールを去り、国外へ活動の場を移した。司教を辞めたのは健康上の理由であると公式に発表されたが、チモール側の意見を聴かないバチカンに食傷気味だという見方もあれば、聖職者なのだから健康上の理由で国を出たりはしないという見方もあり、さらに自分が東チモールにいればマリ＝アルカテリと衝突してしまい、そうなれば政情不安を引き起こすのでそれを避けるため国外に出たという見方もある。いずれも推測の域を出ない。

独立一周年をまえにして、次の選挙でフレテリンは大敗するだろうという見方が早くも大勢を占めるようになった。次の総選挙は二〇〇七年、あと四年もある。先は長い。

二〇〇一年八月の制憲議会選挙でフレテリンが五七・四％の得票率を獲得したのは、フレテリンをすでに離れたとはいえシャナナ＝グズマンもラモス＝オルタも解放闘争の指導者はもともとほとんどがフレテリン出身者であるから、他の政党との比較において、やはりフレテリンは大衆支持を得ることができた。では政権運営一年で、なぜ人気が衰えたのか。それは一九七〇年代の過去を踏まえない政権運営をしているからである。

一九七五年、インドネシア軍が全面侵略するまえに起こった内戦で、フレテリンは多くの政敵を殺し拷問したといわれる。内戦なのでフレテリン側も殺されたであろうが、このときはフレテリンは他党勢力を圧倒していた。フレテリン中央執行委員だったシャナナ＝グズマンは、政敵とはいえ同じ東チモール人にたいして容赦しないフレテリンでは東チモールを解放できないと考え、フレテリンを離脱、八〇年代に民衆全体を巻き込んだ解放闘争組織（CNRMやCNRT）をつくらねばならなかった。フレテリンはこのことを教訓にして謙虚な政権運営をすべきなのだが、議席の多数を誇示する。国民は七〇年代のフレテリンを見ている気分になっているかもしれない。フレテリンの方も七〇年代の政治精神のままかもしれない。マリ＝アルカテリは海外生活をしていたので、東チモールは七〇年代のままだろうと勘違いしているのだという意見もある。理解できないのは、山で二四年間戦ってきたル＝オロは党首でありながらなぜマリ＝アルカテリの独走を許すのかということだ。だが人びとはもはや疑問に思うことはしなくなった。ただただ失望しているだけである。

一九七〇年代の過去を踏まえないフレテリンの体質は、マリ＝アルカテリ首相による歴史認識から生じていると思われる。首相は、『コレイオ＝デ＝チモール』（二〇〇三年三月二三日）という新聞のインタビューで、一九九九年の騒乱の責任を問うなら、必然的に一九七五年の内戦についても裁かれるべきではないのかという質問にたいし、一九七五年の出来事を「内戦と考えることはできない。死者が出た混乱ではあったが」と答えている。マリ＝アルカテリはラモス＝オルタのように大国のご機嫌伺いではないが、戦争犯罪を裁く特別法廷の設置を求めるアルカテリの声が一般民衆の声といまいち共鳴しないのは、一九七五年の「死者が出た混乱」にたいするアルカテリの歴史認識が一般民衆とずれているからではないだろうか。一九七五年八月に起こったことは「内戦」としかいいようがあるまい。もし、過ちがあったのなら、自分たちの過ちを認めてこそ、正義を求めることができるのだ。

また、マリ＝アルカテリ首相への批判としてよくとりざたされるのは、PNTL（東チモール国家警察）への入れ込みようである。国防軍であるF－FDTLよりも警察のPNTLの方を重装備させている。自らの家族の家が襲撃された二〇〇二年一二月の暴動事件はそもそも警察官がデモ隊に発砲した未熟さが原因であった。しかし警察部隊の重装備化をアルカテリ首相は推進する。国防軍は質素さを解放軍時代から引き継いでいる一方で、警察は装いも勢いも鰻のぼりだ。かくして未熟な警官は驕り、兵士を見下し、しばしば衝突を起こす。F－FDTLはFALINTILの流れを汲む軍隊であり、FALINTILはシャナナ＝グズマンを最高司令官とする解放軍であった。FALINTILはもともとは、一九七五年八月の内戦に対応するためにフレテリンの軍事部門として創られた軍事組織であるが、フレテリンを離脱したシャナナがFALINTILをフレテリンから切り離し、全民衆のための解放軍に育てた。その過去のいきさつから、フレテリンはシャナナの影響下にあるF－FDTLではなく、新しい武装組織PNTLに肩入れしているといわれる。警察の重武装化は社会不安の一因となっていった。そして警察組織を管轄するロジェリオ＝ロバト内務大臣はアルカテリ首相と不人気を分け合う存在になっていった。

最も嫌われる政治家というイメージが定着した観のあるマリ＝アルカテリ首相だが、わたしには世間がいうほどの悪徳政治家には見えない。独立したての新興国家の運営がうまくいかないのは、ある意味では当然であり、その責任を首相がその人柄ゆえに一身に背負わされているとおもえる。あるいは、アルカテリ首相は正直なのかもしれない。心にも無いことを口にして人心をつかもうとするリップサービスができない性質なのかもしれない。それにしても、政治家なのだから主義主張を曲げない程度で、譲歩と妥協、野党との根回しを少しはしてもよかろうとおもう。

二〇〇三年五月一九日、早いものであした独立から一年目を迎える。首都の街をぶらぶら散歩してみると、一年前と比べ桁違いに盛り上りに欠けている。お昼、式典会場の政府庁舎前に行ってみると、飾り付けがされていなかった。夕方五時半、再びそこへ行くと、今度は質素ではあるが旗の飾り付け中であった。また鼓笛隊や軍・警察・消防員などが整列し行進の練習をしている。お祭りの雰囲気がやや出てきた。

二〇〇三年五月二〇日、政府庁舎前広場での独立一周年式典は正午までに終了した。最後に披露される鼓笛隊の演出は式典の華だ。国内一三の地方でもそれぞれ式典が催され、首都の式典がすべてではない。しかし式典の規模縮小は国の沈滞感を映し出している。夕方、テレビでは一年前の独立式典を再放送していたが、あの感動をもう一度、とはいかない。

シャナナ゠グズマン大統領は午前中の式典で演説したとき、外国からの来賓客を意識してか、国際社会と東チモール人が協力してこの国を建設していきましょうと楽観的な口調であった。しかし夜八時四〇分、テレビとラジオを通じての国民向けの演説では一転、悲観的であった。食料が不足し、若者のために雇用創出もされない、基盤整備の投資が促進されない、ある者は民主主義を自分の利益のために利用している、国会は時間を浪費している、とシャナナ大統領はフレテリン政権批判ともとらえられる発言をし、暴力に訴えないよう忍耐を呼び掛け、政府転覆を図らないようにとさえ訴えるのである。だが、テレビ演説するシャナナ大統領はカメラの中央に視線が定まっていない。明らかに原稿を読み上げている目だった。国民を見ている目ではなかった。

大規模な国連統治機構が去ったいま、東チモールの経済は約三%のマイナス成長が見込まれ、課題は経済の下降をいかにして鈍らせるかであり、上昇ではない。しかし庶民の生活の苦しさはこの数字では説明できない。皿に盛られたご飯に油たっぷりの野菜炒めがちょっと添えられる夕食で朝まで我慢しなければならないのが庶民だ。肉や魚は滅多なことで野菜炒めに混ざらない。それでもこれはまだ恵まれた方である。一日、五〇セントから一ドル未満の生活を強いられ、常時腹をすかせている人たちが大勢いる。清潔な飲み水にありつけない人びとは六〇%にものぼり、七五%の人びとは電気のない暮らしをし、職についているのは幸運な二〇%の人だけである。それなのに一〇〇〇台余りの政府公用車は役人一人ひとりにあてがわれ、家族サービスに走り回り、公私混同の使い方をされている公用車の管理維持に莫大な公費がかかる。フレテリン政権の一握りの人間だけが生活を享受しているという不公平感が蔓延していった。

だが貧しさは問題の本質でないとわたしはおもう。確固たる目標があれば東チモール人はどんな試練にも耐えるだろう。解放闘争の結束がなくなったいま、新しい人生の目標が定まらない者たちは自分を見失っている。これが問題なのだ。解放闘争の最高指導者だったシャナナ=グズマンにはこのことに関し道義的な責任がある。

沈滞ムードはさらに進行し、軍内部にも深まっていった。二〇〇三年の暮れには、「インドネシア時代のほうが良かった」というヤケクソ気味とも思えるセリフが軍からわたしの耳にも入ってきた。わたしのような外国人に聴こえるということは軍内部では普通の声ということだ。二〇〇三年暮れに国防軍は女性五〇名を含めて一二〇〇名の兵力を有するようになった。二〇〇三年一二月半ば、その国防軍から、五名の軍曹と一名の中尉を含んだ四二名が除隊した。軍上層部にたいする不満からだという。

そっくり変えられた村、マウシガ村にて

二〇〇四年の元日、わたしはパルミラ母さんの息子たち（マリトとエウゼビオ）などとともに、アイナロ地方のマウシガという村を訪問する機会をえた。マウシガ村を案内してくれたのは、この村出身のタラ大尉であった。タラ大尉とマリトは、エウゼビオとわたしが同席するなか、夜中過ぎまで議論した。マリ＝アルカテリ内閣への不満と、マリ＝アルカテリ首相と仲良くするタウル大将への失望感がかれらの主な話題である。

軍上層部は一般兵士たちの信頼を失ったといわれ、数人の中堅幹部が兵士の忠誠心を掌握しているという話をきいたことがある。タラ大尉もその一人、また入隊当時は孤立していた海軍のアルフレドもその後、部下の信頼を得ているという噂もきいたことがある。タラ大尉が政府への不

満、軍上層部の不信感を堂々と話す姿を見て、わたしは貧しい国でのクーデターの土壌ができあがるのを目撃している想いになった。

わたしは、「政府や軍上層部に不満な兵士が民衆の支持を背景に武器を執って反乱やクーデターを起こす。これは貧しい国でよく起こること。わたしたちが何度も目撃してきたことです」とかれらの議論に参加すると、タラ大尉は「戦争が何もかも壊してしまうことをわれわれはよく知っています。われわれはあくまでも口を使いますよ」ときっぱりといった。

さて、マウシガ村の歴史に話を移そう。マウシガ村は東チモール中西部、カブラキ山の麓に位置する。マウシガの近くにダレという村があるが、デリ郊外のダレとはもちろん異なる村である。一九八二年七月か八月、インドネシア軍はここで大規模な軍事行動を開始した。「インドネシア軍は村をそっくり変えてしまった」とタラ大尉は説明する。

当時一〇〇〇〜一五〇〇人の村人は、インドネシア軍によって殺されるか、アタウロ島に連行されるか、山に逃げるか、捕まるか、いずれかの運命をたどった。タラ大尉は当時、村のフレテリンの若き政治活動家であった。インドネシア軍の軍事行動が始まると山へ逃げ、そのままゲリラ闘争に加わった。父親はアタウロ島に連行され、そこで亡くなった。

マウシガ村の住民、オルガ＝ダ＝シルバ＝アマラルという女性は、二〇〇三年四月二八日、CAVR（受容・真実・和解委員会、注1）の証言席に座わりインドネシア軍占領下の体験を語った女性の一人で、席上とくに激しく泣いた人だった。

CAVR による「紛争における東チモール人女性」と題する公聴会，2003年８月29日，首都デリにて。

インドネシア軍が東チモールを侵略したとき、オルガは家族とともに森に逃げたが、四年後に捕まった。彼女の両親はアイナロ地方のダレ村に、オルガは弟とマウビシにそれぞれ連行された。それからオルガはカトリック教会の中学校でほんの少しの間だけ勉強することができた。結婚して夫の地元であるこのマウシガ村に移り住んだ。

タラ大尉とオルガは、ゲリラとその支援者の関係で同志の関係である。オルガの家で居心地よさそうにくつろぐタラ大尉を見ていると、わたしがゲリラ時代に見たニノ＝コニス＝サンタナやタウル＝マタン＝ルアクの隠れ家でのかれらの振舞いを思い出す。

わたしとマリトはオルガの家でケーキとコーヒーをご馳走になりながら、オルガに一九八二年当時のことをきいてみた。東チモールの手づくりケーキはとてもおいしい。壁に寄りかかり、腕組みをしてわたしたちの目の前に立っているオルガは、知的で、上品である。

「CAVRで証言していましたね」とわたしがいうと、「ええ、虐待について話しました」。頭を椅子で殴られ、血だらけになり、吐き、電気ショックをうけ……とわたしたちの前で軽い手振りを交えて話してくれた。

一九八二年、インドネシア軍がマウシガ村で軍事活動を開始してから一ヶ月後、オルガは捕まり、ダレ村の軍司令部に連行された。そして次のような目にあう。

「当時、女だけがダレの軍司令部に拘束されていました。わたしたちはインドネシア軍とハンッシップ（注2）によって一人一人拷問されました。わたしは強かんされるまえ、血を流すまで頭を木の椅子で殴られ、火器で左側の肋骨を殴られ、歩けなくなるまで軍靴で背中を蹴られました。しかし拷問はこれで終わりではありませんでした。わたしは、耳と手そして足に電気ショックを与えられました。もう流れる血もない、もうなにも力が残っていないと感じるまで、わたしは跳ね上がりました。こうしてわたしは強かんされたのです。強かんされたあと、タバコの吸殻で顔と手を焼かれました。このようにわたしは一ヶ月間強かんされました。毎日、わたしは軍服を洗濯させられ、そして料理させられました。またわたしはインドネシア軍の軍服を着せられました。リュックサック、トランシーバー、ピストル、弾薬も与えられ、インドネシア軍がカブラキ山の森に入ってＦＡＬＩＮＴＩＬ司令官たちを捜索するときには、わたしも同行するというわけです。カブラキ山では、わたしは活動中の軍に引き渡され、そして強かんされました」（ＣＡＶＲの証言集、**Public Hearing, Women and Conflict**、二〇〇三年四月二八日〜二九日、より）

（注1）一九七四年四月から一九九九年一〇月までに起こった人権侵害の調査機関。国連と東チモール政府によって設立された。二〇〇三年四月二八日〜二九日、ＣＡＶＲは「紛争における東チモール人女性」と題する初の公聴会を開いた。

（注2）インドネシアでは国軍によって組織された地域住民による治安部隊を通常 Hansip（Pertahanan Sipil 市民防衛隊、ハンシップ）と呼ぶ。インドネシア軍事占領下の東チモールでは、この Hansip は軍事訓練を受け、主力部隊を補佐するという軍隊そのものの役割を担っていた。

いったんオルガは逃げ出すが、逃避場所の学校で捕まり、同年九月にアイナロ地区の軍司令部に連行された。そこでオルガは……、

「そこでわたしは寝室に連れ込まれ、諜報部の将校に強かんされました。それから諜報部の別の将校がわたしを尋問しました。『おまえはFALINTILに食料を与えたことがあるか。おまえの家はFALINTILが集まる所か』。わたしはかれらの非難を否定しつづけたので、わたしは拷問されました。まずかれらはわたしをなだめようとし、わたしの頭からつま先を触り、それから木製の椅子でわたしの頭を殴るのでした。血が顔をつたわりシャツへ流れ、わたしは血だらけになりました。かれらはまた電気コードをわたしの耳につなげ、わたしは耳のなかで電気ショックをうけました。手や足にも電気ショックをうけました。かれらが質問するたびに、わたしはタバコで焼かれるか、電気ショックをうけたのです。わたしの力が完全になくなると、わたしは強かんされました。わたしはWC（便所、インドネシア式トイレ兼水浴び所）に連れ込まれ、そこがわたしの三ヶ月間の居場所でした。かれらが便所を使用するとき、わたしは外に出されました。小便だろうが大便だろうが、かれらは決して流しませんでした。そこがわたしの寝たり食べたりする所でした。食べ物は一日一回、小さなコンデンスミルクの缶に入れられ与えられました。飲み水もまたその缶に入れられて与えられました。便所のなかに拘束されているあいだ、わたし

は水浴びも着替えも決して許されませんでした」(同資料より)
「食べ物はどうでしたか?」とわたしがきくと、刑務所暮らしを経験したほとんどの東チモール人がそう答えたように、オルガも「トウモロコシぐらいです」という。オルガは「わたしはWCに寝泊りさせられていたのですよ」と、わたしたちにも便所に拘束されていたことを話すと、グスッ、グスッ、彼女は涙ぐんできた。

マリトも同じ東チモール人としていろいろオルガに当時の様子をきいていたが、涙ぐむ彼女を見て、これはまずいと思ったのであろう、質問をやめた。わたしも質問をやめた。しばらく沈黙が流れた。マリト自身も幼年期、一九七〇年代末に山のなかで大勢の人が飢えと病気でなす術もなく死んでいくのを目撃している。

マウシガ村の属するアイナロ地方は山岳地域であるが、同じアイナロの地方都市マウビシのように見晴らしはきかず、隆起の激しい山々に囲まれ、視界は狭い。そしてちょっと歩くのも坂を上がったり下ったりでたいへんである。

オルガ宅の前の小道を右に上ればダレ村に着き、左に下れば学校があり、その少し手前に橋がかかっている。川の水は勢いよく流れ、川辺には大きな岩があっちこっちに、ドカン、ドカン、と点在している。転がってきたのではない、飛んできた岩ではないだろうか。これらの岩の角は鋭い形をのこしているので日本式の風流は感じさせない。

さて、オルガは自分のうけた極限状態ともいえる拷問や屈辱について、いまはどう考えているのだろうか。「戦争が終わり、侵略軍もいなくなったいま、自分のうけた傷、心の傷についてどう思っていますか」。わたしはオルガにそう質問したが、よく意味が通じないようだ。「東チモールは解放されましたが、あなたの心は解放されましたか」ときき直すと、少し意味が通じたようだ。だが答えに窮しているようすだ。意味が限定され過ぎる恐れがあるが、わたしは具体的に「つまり、戦後補償や戦争責任についてどう考えますか。政府や国際社会に訴えたいですか」と質問した。「いまの政府は何もできませんよ」とオルガがいうと、マリトと二人で自嘲気味に笑い出す。「政府しだいです。でも政府は何もしてくれないのでどうしようもありません」という。オルガの心の内をうかがい知ることは一泊の滞在ではとても無理である。時間が必要だ。

オルガは、わたしの顔に〝質問によく答えていな〟と書いているのを読みとったのか、こうもいう。「とりあえず、乱暴する軍隊はいなくなったので平和を感じます。平和であることに、毎日、喜びを感じています」。そしてこう付け加えた。「東チモール人みんなが苦しんできました。でも苦しみ方は人それぞれ違うのです」。マリトは大きくうなずいた。

オルガの家に部屋は三つ〜四つあり、どれも小さな部屋だ。だがこれは母屋。母屋と同じくらいの大きさをした竈専門の小屋は、この地方でよく目にする藁葺屋根である。家の敷地は牧歌的なたたずまいの柵で囲まれて、敷地面積は全体としてけっこう広い。便所兼水浴び所が二つ付いている小屋へは柵に挟まれた細道を敷地中央から五メートルほど歩く。柵には衣類が、これから洗うのか、もう洗ったのか、かけられている。柵と母屋と藁葺屋根の東屋に囲まれて中庭が形成され、そこでオルガやタラ大尉そして村人たちが、コーヒーとお菓子を手にして立ち話をしている。中庭がいわば居間である。

寄る年波、立ち話は辛いのか、東屋の軒下に腰掛ける白い顎鬚のご老人は昔、この村の村長だったという。このご老人はわたしが日本人だと知るや、日本軍がここにいたことを話し出した。タラ大尉が通訳をしてくれる。「このへんにも日本軍が来たなあ。日本軍が来るとオーストラリア軍は逃げちまった。三年ほどいた。あっちの上の方で宿営して自分たちで作物を植えていたよ」。日本兵は何名ぐらいでしたか？　「人数は覚えていない、ともかく大勢だった」。日本兵が自分たちで作物を植えていたというので、食料を住民から奪うような行為はなかったかときくと「物資や食べ物を盗むことはしなかった。住民を殺すこともしなかった」。日本兵の住民にたいする態度は悪くはなかったという。「村のある者は日本兵についたし、ある者はオーストラリア兵についた。こちとら武器がなかったから殺されないように立ち振る舞った」とご老人はいう。

ここマウシガ村では日中でも長袖のシャツに腕を通さないと寒い。日が暮れると、いよいよ冷えてきた。わたしは半ズボンをはいているが、長ズボンが必要となった。長ズボンの代わりに、膝まで隠す厚手の長い靴下を履いたらいい按配になった。暗くなると、蛍が現れた。少々弱々しい光であるが、それもまたいい。この地方の言葉で蛍を「デルムカ」と呼ぶ。すぐそこを流れる小川のせせらぎの響きが心地よい。

苦い再会

わたしがマウシガ村のオルガ宅に泊まりタラ大尉と同じ寝室を分け合ったおよそ三週間後の週末、東部ラウテン地方の主都ロスパロスで、そのタラ大尉の属するF-FDTL第一部隊がPNTLと衝突した。今回の衝突は深刻であった。

二〇〇四年一月二二日、ジュビナルという二七歳くらいの男が、パーティーで使用する椅子を車で運んでいると、兵士数人が道をふさぐように歩いていたので、この青年は怒鳴り、口論が始まった。軍の上司がやってきて、ここは穏便にすんだ。一月二四日、パーティーが終わったので、借りた椅子を返したジュビナルは、仲間と一緒にサッカーの試合を観戦した。そのときジュビナルはそこにいた兵士とまた口論になり、そして喧嘩になった。ジュビナルとその仲間は逃げ、兵士は警察に報告し、警察はかれらを捕まえた。法にもとづいて対処してほしいと軍は警察に求めた。ところが、警察はジュビナルらを釈放した。これに怒った兵士は警察署に乗り込み屋内で天井に発砲した。器物が破損、けが人が出た。ジュビナルの仲間がいた病院でも騒ぎが起こった。

マリ=アルカテリ首相もシャナナ=グズマン大統領もこの事件を「深刻な事態」と発表し「独立調査委員会」を立ち上げたにもかかわらず、首相も大統領も結局、徹底した対策を施さなかった。軍内部では政府と幹部への不信感と失望が募り、警察についてはUNMISETのカマレシュ=

シャルマ代表でさえ、警察官の質の低さを認めているのに、だ。二月にはF―FDTLの創設記念式典、三月にはPNTLの創設記念式典が催され、政府要人たちが庶民から隔離された空間でお決まりの祝い事で浮かれるうち問題は忘れ去られてしまった。

二〇〇四年五月一九日、独立二年目を迎える前日、UNMISETが治安維持の全権を東チモール政府へ移譲する式典がおこなわれた。これで東チモールの軍と警察は国防と治安の権限を得た。軍と警察の独立である。これから国連の軍事・警察分野の展開はどんどん縮小されていくことになる。UNMISETの代表は、カマレシュ＝シャルマから日本人の長谷川祐弘に交代した。

二〇〇四年五月二〇日、二回目の独立記念日。今年の式典はスジアムで行われた。式典は去年と同様にお昼前に終了だ。お偉いさん方には昼食会がまっている。スタジアムに集まった人たちの半分くらいだろうか、政府庁舎方向へ歩き出した。こちらの方でコンサートが催される。政府庁舎前にある海辺の広場はこの国一番の憩いの場である。風にあたりながら、祝日を楽しんでいる人たちの明るい表情がいい。独立式典はつまらないが、一人ひとりがそれぞれの時間を楽しむのもわるくはない。わたし自身にかんしていえば、政府や軍の要人がどうした何を語ったということよりも、ビラベルデの近所付き合いの方が大切であり、子どもたちとどうやって遊ぶかが最大の関心事となった。

わたしも政府庁舎前で涼んでいると、一人の男がわたしを呼んだ。その人の顔を見て驚いた。解放軍の元幹部ソモツォであった。インドネシア軍撤退後、ポルトガルに滞在するソモツォに電話して声を聴いたことはあったが、顔を拝んだのは、エルメラ地方のゲリラの隠れ家で会った一九九八年以来である。

わたしたちは再会に喜び合った。ソモツォは住民投票が実施される前にポルトガルの軍事教育を受けるため秘密裡にリスボンへ渡ったことは風の噂で聞いていたが、結局は軍人の道へは進まず、いま「マリオ＝ソアレス財団」（マリオ＝ソアレスとはポルトガルの元大統領の名前）で働き、その仕事の関係で去年から一時帰国をしはじめたという。では、その財団で何をしているのかときくと、解放闘争の資料を集めて、ポルトガルのその財団で整理しているのだという。わたしの喜びは曇った。解放闘争の資料を旧宗主国へ持ち運ぶとはいったいどういう事だろう。教えてやるよという仕草をしながら、ソモツォは携帯電話で電話をして、「なにー、いま起きたところ、もう昼だよ」と流暢なポルトガル語で相手と話している。そしてわたしと再会したことをこの相手に告げ、いまから行くといって電話を切った。

そしてソモツォはわたしをデリ市内にあるポルトガル人専用宿舎に連れて行ってくれた。そこはソモツォの宿泊先でもある。一室一室はせまいが、ベッド・冷蔵庫・風呂・トイレ、なんでも揃っている。ソモツォの部屋にはごっそりと資料が積まれ、ポルトガルへ発送しようとしている。さっきの電話の話し相手であった人が隣の部屋からここへ入ってきた。「マリオ＝ソアレス財団」でソモツォと一緒に働くポルトガル人女性である。ソモツォはわたしのことを紹介すると、「あ、あなたがあの人ですか」といったようなうれしい顔をし、まるでわたしが有名人であるかの

タウル大将（左）と長谷川祐弘 UNMISET 代表。2004年８月20日，解放軍創設29周年記念日，英雄墓地の“鍬入れ式”，メティナロにて。

ようにパチパチと写真を撮り始めた。この女性はわたしとソモツォを自分の部屋に入れ、「マリオ゠ソアレス財団」の仕事をパソコンを使いながら説明してくれた。一九七三年から一九九九年までの東チモール解放闘争の文書・写真・映像など全ての記録をデジタル化しているのだという。わたしの名前をそのパソコンで検索すると、わたしとデビッド゠アレックス司令官やニノ゠コニス゠サンナタ司令官との往復書簡がすぐ画面に出てくるではないか。わたしが解放軍司令官へ宛てた手紙が何ゆえにポルトガル人の財団の人間が読めるのか？　そんな作業になぜソモツォが協力しなければならないのか？　彼女は説明をつづける。この作業はシャナナ゠グズマン大統領の承認のもとで進められている計画で、なかには微妙な内容の文書もあり現在の段階で公の目に触れられない機密資料もあるという。

この女性とソモツォがてっきりわたしが喜んでいるものと思い込んで屈託なくこの計画を語るこの瞬間が信じられなかった。解放闘争の資料とは抵抗運動を底辺からささえた犠牲の民と共有すべき国の財産である。こともあろうに、国家機密に相当するような文書までも、何故、どうして、はるか海の向こうの旧宗主国で保管されなければならないのだろうか。

ソモツォとの再会で飛び上がって喜んだと思ったら、「マリオ゠ソアレス財団」の計画によって地面に叩き落された気分だ。東チモール独立の悲哀をわたしは身をもって体験した想いである。

後日、この「財団」の作業計画の記事が新聞に載った。シャナナ大統領とマリ゠アルカテリ政府の承認のもとソモツォによって解放闘争の資料が整理・保管されるという内容だ。元地下活動

マリ=アルカテリ首相（中央）とレレ大佐（左端），同メティナロにて。

家たちにもこの計画が知れ渡たる。かれらは、命より大切な資料をポルトガルに渡してたまるか、俺はデビッド＝アレックス司令官の最後の手紙を持っているが絶対ソモツォには渡さんぞ、当然、このように反発する。

解放闘争の資料整理・保管さえも東チモールは一致団結できないでいる。

二〇〇四年五月二九日、シャナナ＝グズマン大統領はインドネシアのバリ島で、ウィラント元インドネシア国軍司令官と抱き合った。このウィラントは東チモール人にとって大物の〝お尋ね者〟である。隣国との友好関係は錦の御旗、その御旗のもと民衆の感情は踏みつけられる。一握りの指導者たちと民衆の隔たりはさらに広がっていった。

教会による反政府デモ

二〇〇四年一二月一七日、小規模な展開が続いていた国連軍のうち、オーストラリアのダーウィンを基地とする最後のオーストラリア兵士四二名が東チモールから去った。ＰＫＦの展開はいよいよ細々となり、本格的に東チモールの自らを治める能力が試されるときがきた。

わたしの東チモールでの生活に大きな変化が訪れた。二〇〇五年六月、一九九九年暮れから下宿してきたビラベルデのパルミラ母さんの家から、住み家をジョゼ＝ベロが主宰する新聞社の事務所に引っ越したのである。インドネシア軍撤退後、わたしとジョゼはテトン語の表記方法や言語問題について論争することが多くなった。とくにわたしはジョゼのテトン語の書き方について しょっちゅう文句をいっているので、君のそういう意見をきかせて新聞を手伝ってほしい、その代わり事務所に寝泊りしていいから、という申し出をわたしは快諾したのである。

その新聞の名前は『ディアリオ＝テンポ』(Diário Tempo)、事務所はビラベルデから近いマンダリンと呼ばれる地区にあり、インドネシア軍撤退後、「祖国殉教者大通り」と名づけられた大通りに面している。この道路は空港から政府庁舎へひと筋に通じる幹線道路で、独立式典の終了後、〝平和の大行進〟が自然発生した大通りだ。

賑やかな通りには道路脇に多数の屋台が並び、インドネシアからの輸入食品・飲料水・国産ピーナッツなどが売られている。庶民のささやかなビジネスだ。これらの屋台は歩道を占拠するので、歩行者は車道に押し出される。困ったものだ。最近、屋台は移動することなくその場でそのまま店仕舞いとなる店が増えてきた。店仕舞いの屋台はビニールシートをかぶせて縛っているだけの無防備状態であるにもかかわらず、盗みにあわない。これには感心する。

この「祖国殉教者大通り」をはさんで『ディアリオ＝テンポ』事務所向かいには、バックパッカー用の宿があり、レストランある。この辺でインド人やバングラデシュ人が商業活動に励んでいる。ビラベルデの生活とはうって変わり、わたしの生活は〝都会的〟になった。

ここで、東チモールの主な新聞をかんたんに紹介しよう。日刊新聞として『東チモールの声』、

『チモールポスト』、『ディアリオ』（Diário）で、週刊として『セマナリオ』（Semanário）がある。『東チモールの声』はインドネシア占領時代からあり、『チモールポスト』は国連統治時代に創刊、二紙ともテトン語・インドネシア語・ポルトガル語・英語の四ヶ国語を使用する。ポルトガル語新聞『セマナリオ』は二〇〇三年一二月に、ポルトガル語とテトン語を併用する『ディアリオ』は二〇〇五年三月にそれぞれ創刊され、これら二紙は発行元が同じで利益よりもポルトガル語の普及を目的としている。その他、無料の広告紙や、出たとおもったら消えていった新聞もけっこうある。

ジョゼ＝ベロが目指す新聞とは、独自性・独立性そして本格的なテトン語新聞であることだ。独自性とはかれの情報源を駆使した汚職追及を意味し、独立性とはその独自性に干渉をうけないことを意味する。『ディアリオ＝テンポ』はインドネシア語と英語を必要ならば併用しているが、テトン語が常に七〇％以上を占める紙面づくりは東チモール初の本格的テトン語新聞と呼んでよい。そしてポルトガル語を使用していない点で他の新聞と際立った違いを見せている。

『ディアリオ＝テンポ』が創刊（二〇〇五年三月二二日）されてまだ間もない四月の初め、発行人ジョゼ＝ベロがポルトガル人の新聞関係者に呼ばれた。「何の用だろう」、ジョゼはいぶかしげな顔をして出かけ、「ヒッ、ヒッ、ヒッ、やつらは恐れている、恐れているぞ、おれたちのことを」と上機嫌で帰ってきた。ポルトガル人は「この新聞はとてもよくできている。しかしポルトガル語がない。わたしはとても怒っている」とジョゼにいったというのだ。ジョゼは、自分たち

デモ隊の先頭部を監視する警察部隊，2005年４月21日，政府庁舎近くにて。

はポルトガル語で教育を受けなかった世代なのでポルトガル語の紙面を作る能力がないといい、「どうぞご心配なく、すぐこの新聞はポシャリますから」と軽くかわしたとのことだ。

いくらポルトガル語も公用語だとはいえ、人さまの国の新聞にポルトガル語が使用されていないから不快感を示すこともなかろう。こうしたポルトガル人の態度が影響して、ジョゼ＝ベロのようにインドネシア語で教育をうけた世代は、ポルトガル語を話せる話せないは別として、ポルトガル語を忌み嫌っているのかもしれない。

この『ディアリオ＝テンポ』創刊号が第一面にもってきた記事は、政府が宗教教育の見直しをしていることにたいするカトリック信者の反発であった。宗教教育の見直し問題は、その後カトリック教会による大規模な反政府デモへと発展していった。

二〇〇四年一一月、政府が公立学校での宗教授業を必須から選択科目にする計画を立て、まず全国三二校の公立小学校で試験的にこれを導入してみると発表した。二〇〇五年二月、リカルド司教（デリ教区）とナシメント司教（バウカウ教区）の二人の司教は、この計画の見直しを政府に求める教書を作成し、政府と教会の対立が表面化した。つづく三月一九日、バチカン使節のラムジフ大司教がリカルド司教と一緒にアタバエという町を訪れたさい、若い信者たちが「死ぬか生きるか、わたしたちは自分たちの宗教を守り続ける」などと書かれた横断幕をひろげ、政府による宗教教育の変更方針に反対する示威行動をとった。このことがテレビや新聞でも大きくとり上げられると、政府はマスコミと教会に不快感を示す。三月下旬、ラモス＝ホルタ外務協力大臣は、ラムジフ大司教が説教のなかで宗教教育にかんする政府の方針に干渉した発言をしたと批判すると、二人の司教は四月四日付けの文書でその批判はまったくのお門違いだと逆批判し、言葉による応酬も激化していった。

二〇〇五年、東チモール時間（日本時間と同じ）の四月三日、ローマ法王・ヨハネ＝パウロⅡ世が他界し東チモール全体がその死を悼んだとき、教会と政府の関係は和らいでもよさそうだったが、そうならなかった。

二〇〇五年四月一九日、カトリック教会はとうとう実力行使にでた。聖職者に率いられた約二〇〇〇人ものデモ隊が政府庁舎前で抗議活動を開始した。警察は政府庁舎正面から見えない脇の方へデモ隊を移動させ、この場所に通じる道路を封鎖した。首都機能が一部マヒする、独立以来最大の反政府デモが始まったのである。

デモ隊は移動させられたその場所に腰を据えた。警察は地方から首都に通じる道路に検問所を設け、地方からのデモ参加者を首都入りさせまいとしたが、これは物理的に不可能なことだった。全国各地の教区からぞくぞくと信者がデモに集結し、デモ隊は道路沿いに長細く続き、マリア像広場周辺の海岸沿いにテントを張り出し、仮説トイレも一〇台ほど設置、長期戦に備えた。

デモ隊の先頭部で祈りが始まると、治安部隊の警官も祈りに参加した。デモ隊と治安部隊の摩訶不思議な関係が路上で展開された。

デモ隊の先頭でテンガロンハットをかぶり雄姿をみせるのはドミンゴス＝ソアレス神父だ。神父はさかんに「規律、規律、規律を守るように」とマイクでデモ参加者に呼びかけている。ソアレス神父は携帯電話でオーストラリアのラジオ局のインタビューに応え、「わたしたちはただ政府との対話を求めているだけです」といっている。二〇〇二年、来日したソアレス神父が上智大学で講演したとき、東チモール人の九〇%はカトリック信者だが首相はイスラム教徒であることから東チモールには宗教対立はない、と話していたことが想い起こされる。

ナシメント司教がフレテリンのル＝オロ党首へ宛てた手紙には、このデモはフレテリンに反対するものではなく、マリ＝アルカテリ首相に反対するものであり、フレテリンが首相を交代することを国民は望んでいる、教会は国民とともにある、という内容が書かれてあった。わたしはこの手紙のコピーを読んだとき、教会が与党に内部クーデターを促す物凄い手紙だな、さぞ機密文書だろう、とおもった。わたしは、デモ隊支援で忙しく走り回る知り合いの神父の車を止めて、この司教の手紙の存在と内容の信憑性をたずねると、「ああ、あれね、これでしょう」と、たっぷりとその車に積まれてあるその手紙のコピーをあっけらかんと見せてくれた。宗教教育の問題を表向きにしたこのデモの目的とは、マリ＝アルカテリ首相の辞任であることは明らかであった。首相の挑発的なものの言い方が教会の反発の一因になったかもしれない。例えば、「教会は野党の役割をしようとしている」とか、「司教の出した文書は教会のヒエラルキーが政党に移行した日として東チモールの歴史に記憶されるだろう」とか。

話し合いを求める教会にたいし、政府は、デモは雇用や裁判など要求が多岐にわたる反政府デモなので、宗教教育について話し合う環境にないと応じ、双方は膠着状態となった。デモ参加者のキャンプ生活が一週間～二週間もつづくと、排泄物の臭いが鼻をつきはじめ、ゴミも増え、難民キャンプの様相を呈してきた。キャンプ生活のなかで健康を害する人も当然でてくる。教会はキャンプ場に医療部隊を派遣し、またデリ市内の国立病院も二四時間体制で緊急事態に備える。封鎖された道路に店をかまえる人たちにとっては、商売あがったりである。デモ参加者だけでなく、警官や記者たちも疲れた顔をしてデモ現場近くで休む姿が目立ってきた。

数千から五千の人が集まる所に、過剰ともいえる武装をした警察部隊が立っている。何かのきっかけで警官が発砲すれば、大惨事になりかねない。デモ隊陣営の周辺を歩いて、わたしは突発的な事故の可能性を十分感じた。

警備にかんしては、警察側よりデモ隊の方が厳しかった。デモに混じって騒動を起こそうとする輩を寄せつけまいとデモ隊は自警団を組んで近づく者を検査する。わたしも、警官からは言葉による注意だけをうけたが、自警団には囲まれ荷物を念入りに調べられた。

二〇〇五年五月三日、警察はデモ隊にこの日をもって解散せよと最後通告をだした。警官が立っていただけの封鎖された道路の出入り口には、この日は有刺鉄線が張られた。これまでは笑顔さえ見せていた警官だったが、この日は表情が硬い。警察部隊が聖職者に武力を行使するのだろうか。緊迫した空気が張りつめた。デモ現場の近くにある国立東チモール大学の学生たちは群れをなして、デモ隊の先頭部が見える場所に待機し状況を見守っている。結局、最後通告は取り消されデモはつづいた。

二〇〇五年五月五日、シャナナ大統領とアルカテリ首相とラモス＝ホルタ外務協力大臣そしてロジェリオ＝ロバト内務大臣は、大統領府「灰の宮殿」で合意書を用意して教会代表を待っていたが、教会側は姿を現さなかった。国家の首脳陣に待ちぼうけをくらわすのだから、宗教界もたいしたものだ。

その二日後、両者は合意に達した。共同宣言書に政府を代表してアルカテリ首相、教会代表のリカルド司教とナシメント司教、そして立会人としてシャナナ大統領が署名し、事態は収拾、翌八日にデモ隊は解散した。

この共同宣言書の要点は、宗教の授業を正規の教育課程に組み込み、その授業数は子どもの親の同意を得て決定するという点だ。妥協が生んだ微妙な言い回しである。この他、妊娠中絶は妊婦の命が危険でないかぎり犯罪とみなすこと、自らの意志による売春は犯罪とみなすこと、デモに参加した人びとへの安全を保障すること、政府と宗教界で構成される機関を組織し諸問題に対処することが含まれている。

デモ隊と治安部隊が物理的に衝突しなかったのは何よりだ。しかし気になったことがある。デモを監察する兵士たちの姿をわたしは一日だけ見たのだ。軍の目的は何か。タウル＝マタン＝ルアク大将はどっち側なの？とその筋の情報源にこっそりきくと、「もちろん中立だよ」と当然の答えが返ってきた。軍と警察、この二つの武装国家機関はしばしば摩擦を起こしているので、嫌な

独立３周年記念日（2005年５月20日）はフレテリンの大行進によって占められた。

感じがする。それにしても軍の発動は誰の命令でされたのか、大統領か首相か、大統領はしていないはずだ、首相はしていいのか。この曖昧さが不気味だ。

さらに気になるのはアメリカ大使館の動きである。地方からデモに参加する人びとに交通手段を提供するなどして、アメリカ大使館がこのデモ活動を支援しているという噂がひろがった。ジョゼフ＝レース・アメリカ大使はテレビ局からマイクをむけられたとき、デモが平和裡におこなわれているのは民主主義的でまことにけっこうというようなことをニコニコしながら流暢なテトン語で応え、アメリカがデモを支援しているという噂を否定した。しかしわたしが地方からきた人にきくと、アメリカ大使館はデモ活動を支援したのは噂でなく事実だときっぱりいう。「人びとは独裁者アルカテリを受け入れない」などと書かれた横断幕を教会によるデモで一九日間もひろげられたアルカテリ首相は、逆襲に出た。

二〇〇五年五月二〇日、独立三周年記念の政府による祝典はスポーツスタジアムでこぢんまりと午前中に催されたとおもったら、午後に約七〇〇〇人のフレテリン支持者が「祖国殉教者大通り」を盛大に大行進したのだった。そして大行進が終わると、政府庁舎近くにある「民主主義広場」でル＝オロ党首や首相のアルカテリ書記長は満面の笑顔で祝杯と気勢をあげた。教会による反政府大規模デモには数では負けないぞという敵愾心が丸見えである。

独立記念日は国民全体が祝う日である。しかしフレテリンは党創設記念日（前身のASDTが一九七四年五月二〇日に結成）を優先させ、独立記念日の国民パレードであるべきなのをフレテリンの示威行動に置き換え、沿道の人びとにその動員力を誇示したのである。つまり、これがフレテリンの限界である。

インドネシア軍侵略の扉を開いたといわれる政党間で内戦を交えた七〇年代根性の丸出しでは、国民の支持は得られまい。次の総選挙ではフレテリンは大敗するというのがもっぱらの庶民の分析である。

UNMISET（国連東チモール援助団）はこの独立日で姿を消し、新しい国連組織UNOTIL（国連東チモール事務所）が発足した。任期は一年間。名前から連想できるようにかなり縮小された文民のみの国連組織である。

フレテリン政権の東チモールは独立四年目へと歩みだす。

第三部　危機勃発

シャナナ連立政権の発足

[上]「危機」を収めるために戻ってきたオーストラリア軍，2006年５月29日，首都のマンダリン地区にて。
[下] 独立７周年を記念する鼓笛隊，2009年５月19日，政府庁舎前広場にて。

「嘆願部隊五九一」

二〇〇六年二月一日、国防軍は創設五周年を迎えた。これまでロスパロスに駐屯していた第一部隊がバウカウの空港隣りに移転し、その新兵舎がこのたび完成したので、その開所式を兼ねて式典がおこなわれた。

二月八日、国防軍の兵士四〇四名が、西部出身者にたいして待遇に差別があるとし、兵舎を出てシャナナ＝グズマン大統領に差別撤廃を直訴した。かれらは「嘆願者たち」あるいは「嘆願兵士」と呼ばれるようになり、兵舎を出た兵士の数が五九一名となると、「部隊五九一」とか「嘆願部隊五九一」とも呼ばれるようになった。

かれら「嘆願兵士」は一ヶ月以上たっても職場放棄をつづけ軍規を乱しつづけた。軍による調査にも応じようとはしない。八方塞がりだ、かれらには規則にそって除隊してもらうしかないと、三月一七日、タウル＝マタン＝ルアク大将は兵士五九一人を除隊処分にした。政府はその決定をただちに支持・承認した。国軍兵士のなんと約三分の一が馘首となったのだ。

一方、西部出身者への待遇差別という話は兵舎の外でも広まった。「西部出身者よ、マリ＝アルカテリ独裁政治にたいし立ち上がろう」、そう呼びかける妙な動きが出はじめてきた。「東西問題」というフィクションがつくられ、若者たちを暴力に駆り立てていった。

シャナナ＝グズマン大統領が海外出張から帰国した翌日の三月二三日、「嘆願部隊五九一」の問題について実に奇妙な声明を発表した。

軍の最高指揮権者である大統領は、問題の本質を知ってもらうために意見を述べるだけであると前置きをし、タウル＝マタン＝ルアク大将の決定にたいし地面につくまでお辞儀をすると敬意を払ったうえで、除隊処分の決定は誤りであまり公正でもないというのだ。その一方、五九一人の除隊処分の決定は下されたのだから君たちはもう軍人ではない民間人なのだと「嘆願兵士」に呼び掛ける。そうかと思うと、除隊処分の決定は問題の本質と根っこを考慮に入れていないから誤りだと繰り返す。そしてこれは規律の問題ではなく「東西」差別の問題であり、その差別に関与しているのは退役軍人会の人間だとほのめかすのである。

はて？　シャナナ大統領は何を言いたいのだろうか。「嘆願兵士」の除隊処分が「東西問題」に発展し、「東西問題」が社会不安を引き起こしているという事態を収めようとしたのだろうか。そうだとしても結果として、「東西問題」にお墨付きを与えてしまっている。大統領は軍の最高司令官という立場にある人物だ。その大統領が軍の決定は誤りだと発表したのだから驚いてしまう。

奇妙なのはそれだけではない。大統領はこの声明のなかで、タウル大将を召喚しても来なかったとか、ロケ＝ロドリゲス防衛大臣に退役軍人会にたいしてこの問題について話し合えといっても、ロケ防衛大臣は自分には戦争で戦っていないコンプレックスがあるので（ロケ＝ロドリゲスはインドネシア占領時代、おもにアフリカのアンゴラに拠点を置いていた）退役軍人に注意できないといったとか、まるで暴露話をするように個人攻撃をするのだ。自分はいろいろ手を尽くしたが、これらの者がゆうことを聞いてくれなかったと駄々をこねているように聞こえる。この大統領声明は、一言でいうと、幼稚で子どもじみている。

シャナナ大統領はさらにタウル大将をこう引き合いに出す。「わたしは、大統領付きの軍事諮問に、中国へ出張するためこれから飛行機へ搭乗しようとする防衛大臣と大将のもとへ嘆願書を持って行かせたところ、大将は怒ってこう言った。『かれらが戦いたいのなら、われわれは戦う』。わたしはまたこうもきいた。『千人が去ったら、千人が入る』。この指導者たちの知性にとって、なんと簡単な方程式なことか」。

「この指導者たちの……」と「指導者」は複数形になっているのでロケ＝ロドリゲス防衛大臣とタウル大将のどちらが「千人が去ったら、千人が入る」と言ったのか曖昧になっているが、「かれらが戦いたいのなら、われわれは戦う」とはタウル大将が述べたことになっている。しかしわたしが間接的にきいた話では、タウルはそんなことは言っていないと否定しているという。もしそう言ったとしても前後の文脈で随分意味合いが違ってくるのが人の会話である。シャナナ大統領は自分付きの軍事顧問からの聞き伝えを安易に引用している。その点でも幼稚で子どもじみている。

シャナナ大統領はタウル大将を不確定な伝聞によって個人攻撃をして、いったいどうしようというのか。ともかく、「東西問題」というフィクションは大統領声明によって生命が吹き込まれた。

二〇〇六年三月二四日金曜日の夜、首都にあるタイベシという所の市場で喧嘩が起こり、男一人が負傷して病院ゆきになった。東部出身者が危険を感じて店を閉じ、タシトゥールにあるバスターミナルでは暴漢と警官の衝突が発生、クルフンという地区ではタウル大将に抗議する横断幕を掲げて道路を封鎖する集団も登場した。地方に目を移すと、マリアナ・マウビシ・リキサあるいはエルメラなどの西部地方では、東部出身の住民は怯え、避難しはじめる者もでた。もくもくと暗い雲が立ち込め、この国を包み込んでいった。ポルトガル通信社「ルザ」によれば、三月二四日から二八日まで、逮捕されたのは「五九一部隊」の一三名を含め三四人。別の情報筋によれば少なくとも二〇軒の家が襲撃されたという。

シャナナ大統領は、三月二八日、自分の声明が原因で暴力事件が起こったとしたら、脅迫や被害をうけた人びとに謝罪する、と再び声明を発表した。

ときは前後するが、三月二六日、マリ＝アルカテリ首相は日本から帰国し、空港の記者会見で、除隊処分の決定は正当であり公正でもある、大統領府と政府の関係は良好である、と語った。日本からたっぷりと〝お土産〟をもってきた余裕だろうか。

三月二七日、リキサ地方の主都リキサでＰＮＴＬの創設六周年記念式典が催された。大統領と首相は仲良く談笑する写真を載せた新聞『チモールポスト』（二〇〇六年三月三〇日）はこう皮肉った──「リキサで笑い、デリはめちゃくちゃ」。

暴発

「嘆願兵士」は四月に入っても抗議をつづけた。かれらは四月二四日から二八日までデモ活動をすることを申し入れ、政府は国民にはデモ活動する権利があるとしてこれを許可した。

デモの初日はまず行進から始まった。デモ隊は、タシトゥールから政府庁舎方面へ行進をし（独立式典のあとの〝平和の大行進〟と同じコース）、ちょうど一年前、教会による反政府デモと同じ場所に陣取った。そしてやはり一年前と同じように、その場所に通じる道路は封鎖され警察が警備にあたった。

初日のデモ行進は、「嘆願兵士」と民間人の支援者が隊列を乱さないように手をつないで歩き、沿道の人びとから拍手をうけたりして、雰囲気は平和的であった。かれらは、英雄・故ニコラウ＝ロバトの肖像画を抱き、また「シャナナ、万歳」と書かれた横断幕を担いだ。この二人は西と東を区別しない指導者だからという理由だ。

デモ隊は差別問題の解決を訴え、具体的に次のような要求を掲げた。いまの政府には問題解決の能力がないので新内閣の発足、調査団の発足、そして軍の最高地位にあるタウル大将、レレ大佐、ファルル＝ラテ＝ラエク中佐、この三人の辞職である。

初日のデモ行進そのものは平和的だったが、同日すでに暴力事件が発生し、時間がたつにつれ

2006年４月24日,「嘆願兵士」のデモ初日は平和的であったが……。

デモも暴力的様相を帯びていった。

デモ二日目の四月二五日、警察は不審者五名を拘束し二個の手榴弾を押収、三日目の二六日、暴徒がタイベシの市場を襲撃、翌日タイベシ市場は閉鎖された。

四月二七日、政府は差別問題を調査する機関を発足させることに同意したものの、デモ最終日の二八日、デモ隊は完全に暴徒と化し、政府庁舎の窓は割られ、公用車は燃やされた。暴徒化した集団は政府庁舎からタシトゥール方面へと逆行進した。沿道の建物の門・扉・窓は閉ざされ、住民はこの集団を通り過ぎるのをじっと待った。わたしもその一人である。

このデモ集団は外観上も明らか初日とは異なり「ビバ、ロロモヌ（万歳、西）」と叫び、肩をいからせ、「祖国殉教者大通り」を我がものづらして歩いていった。かれらのほとんどが一〇代からせいぜい二〇代半ばの若者たちである。

この行進が去ったあと、わたしは少し外を歩いてみて町の様子をうかがってみると、町全体が息をひそませていた。人びとは家に入り、家族が寄り添い、おそるおそる外の気配をうかがっている。午後、民家・商店・官庁は閉ざされた。

四月二八日に発生した忌まわしい暴力事件をまとめるとこうなる。政府庁舎の暴動で二名が死亡、少なくとも四人が負傷。デモ集団がタシトゥールへ向かう途中、コモロ地区の市場を通過中、警察と群集が衝突し、一名死亡、四人が重傷。ライ゠コトゥという地区で発生した暴力事件で民間人が一名死亡。国防軍の本部があるタシトゥールへ向かった合計一四名の兵士を乗せた二台の

2006年４月28日，デモは変質した。「祖国殉教者大通り」にて。

車両がライ＝コトゥ地区で焼かれたタイヤで道をふさがれ、暴徒がその車両に手榴弾を投げるなどして襲撃、兵士は発砲して応戦、民間人一名死亡、兵士一名が手榴弾の爆発で指を負傷。タシトゥールでは暴徒によって多くの家が焼かれ、兵士の発砲による負傷者がでて、大勢が拘束された。暴動が発生した地域周辺の住民は学校・教会・空港、軍施設・大使館などへ避難した。

いち夜あけて四月二九日の土曜日、警察の車に加え、軍の車両も、そして荷台に避難民を乗せたトラックなど、異様な数の車両が走りまわる光景を見て、東チモールはまだインドネシア軍事支配の悪夢から覚めていないとわたしは思った。首都に噂が広まった。タシトゥールなどで国軍による虐殺事件が起こったという噂だ。わたしの耳に入った犠牲者の数は九〇名。わたしは馬鹿げた戯言と一笑に付すが、インドネシア軍事支配の残光がまだ強烈に心のなかで放っているせいか、東チモール人は噂で十分に惑わされる。この噂は意図的に流されたことは疑いない。この日、ファルル中佐の家が燃やされた。

後日の政府発表によれば、四月二八日の暴動による死者は五名、負傷者八〇人以上、炎上した家四五軒、破壊された家一一六軒である。

さて、わたしはさっき軍の車両も走りまわると述べたが、実はこれが問題である。四月二八日午後六時ごろ、マリ＝アルカテリ首相の自宅で緊急治安会議が開かれ、ロジェリオ＝ロバト内務大臣とアナ＝ペソア国務大臣とロケ＝ロドリゲス防衛大臣、そして国防軍からはレレ大佐が海外出張中のタウル大将の代理として出席した。秩序回復のため軍は警察と協力して治安維持にあたることが会議で決定された。しかし軍の発動命令の権限があるのは大統領である。翌日の午後に帰国したタウル大将は同じ場所の同じ出席者による会議で軍の発動をただちに撤回し、憲兵を除く兵士を兵舎へ引き揚げさせる決定をした。レレ大佐の勇み足にタウル大将は何を思っただろうか。

週が明け五月に入ると、コモロ地区にあるカトリック教会の施設へ避難した人の数はなんと一万を超えた。

二〇〇六年五月一日午後、警察と憲兵を乗せた多数の車両が隊列を組んで「祖国殉教者大通り」をゆっくり進んでいった。警察長官の発表によれば、この行進の目的は二つの武装国家機関は国民の治安を守るための組織であることを住民に示すためだという。この〝デモ行進〟には一般車両やバイクも参加して少しは市民に安心感を与えたようだ。これを境に首都の雰囲気は正常に戻りはじめた。

ところで、「嘆願部隊五九一」はどうなったか。四月の時点で「五九一」という数字は減少したのである。「嘆願兵士」の政治的性質が明らかになるにつれて、「嘆願兵士」から多くの兵士が離れていったのだ。デモに参加した兵士は二五〇名程度であった。〝部外者〟の参加が多かったのである。四月二八日、デモ隊が暴徒化すると、「嘆願兵士」の代表ガスタン゠サルジーニャ中尉は仲間と逃亡した。マリ゠アルカテリ首相はサルジーニャに投降を呼びかけるが、「政府は信用できない、信用できるのはシャナナ大統領だけだ」、「山で戦いつづける」と携帯電話によるジャーナリストのインタビューで語った。

五月四日、一度は和らぎかけていた状況が暗転した。首都の住民は競うように地方へ地方へと“疎開”しはじめたのだ。「みんなが逃げているのだから自分も……」という群集心理が作用しパニック状態に陥ってしまったのだ。

東チモールがいとも簡単にパニックに陥ってしまう光景をわたしは前に見たことがある。二〇〇五年一月二日夜八時過ぎ、何者かによって「津波が来た」とデマが流されると、首都の住民約八万がパニックとなり、車・トラックで高台に殺到するという事件が起きたのだ。近所の人たちがあっという間に顔を引きつらせ、判断力を失う様を目の当たりにして、わたしは群集心理の恐ろしさを見たおもいがしたものだ。二〇〇四年一二月に起こったスマトラ沖の大地震とインド洋の大津波の甚大なる被害は東チモール人にもニュースで知れ渡ったが、正しい科学的知識は伝えられなかったのである。

そしていま、車・軽トラック・大型トラックで道路は大混雑、ガソリンスタンドには長蛇の列、政府職員は職場放棄、警察官は公用車で家族を避難させ、武装した兵士も大勢を乗せたトラックに同乗している。まるで社会秩序の崩壊だ。このパニックのなかで目立つのがマットレスだ。重くはないが嵩張るこの寝具が、トラックに積まれ首都の町を走り回っている。避難先で必要となるだろうという判断力は失っていないとみえる。

政府の対応がこれまた信じられない。シャナナ大統領もアルカテリ首相もロバト内務大臣も口をそろえて、「首都はもう安全だ」「状況は制御されている」「パニックになることはない」の一点張り、状況と対策の説明は一切なし。国民・市民を守るための言葉を、大統領も政府も持ち合わせていなかった。かれらもパニックに陥ったのかもしれない。

ＵＮＯＴＩＬ（国連東チモール事務所）によれば首都の人口のなんと七〇％以上（首都人口は一七万五〇〇〇強）が地方に逃げたという。

この情勢に鑑みて、オーストラリア政府はシャナナ大統領の要請があれば東チモールへの派兵を検討してもよいと発表し、ニュージーランド政府も国連からの要請があれば派兵を検討すると発表した。

五月四日から三日間ほど、市民生活は乱れに乱れた。週が明けて五月八日からは首都は少し落ち着いた。もっともその「落ち着き」とは、人が激減したことからくる静けさを意味する。それでも首都に帰ってくる者や、職場復帰する政府職員もいた。

銃撃戦

二〇〇六年五月六日、シャナナ＝グズマン大統領は二人の司教のあいだに座り、国民に平静を呼びかけた。そのなかで「嘆願兵士」らに戻ってくるように呼びかけ、そして憲兵隊に戻るようにと訴えた。一六名の憲兵と警察官七名がアイレウ地方の主都アイレウに陣取ったのだった。もちろん武装している。その指導者が憲兵隊司令官・アルフレド＝レイナド＝アルベス少佐だ。

アルフレドとわたしのこの二年間の付き合いは、道ですれ違いざまに挨拶を交わしたり立ち話をしたりする程度となっていた。海軍部門の責任者から憲兵部隊に異動になったこと、それが左遷の意味があるであろうこと、上層部との絶えない衝突など、軍内部のアルフレドの難しい立場については知っていたが、まさかこのような行動に出るとは、わたしは仰天した。

五月八日、今度は地方で暴動が起こった。西部エルメラ地方のグレノという町で「嘆願兵士」の支持者ともくされる若者の群集が警察を襲い、警官一名が死亡した。警察は百人ほどを拘束したが、あとは逃亡した。死亡した警官は東部バウカウ地方出身であることから、東部出身者が西部エルメラに報復にくるとか、政府は西部地方に軍を派兵したとか、例によって例のごとし、根も葉もない噂が住民を怯えさせた。同日、開発大臣が自分の任務を果たす環境にないことを理由に辞任した。一連の混乱で初めて閣僚から辞職者がでた。

五月一一日、ジョゼ＝ラモス＝オルタ外務協力大臣は首相と大統領の伝言を携え、アルフレド少佐との話し合いに臨んだ。アルフレド少佐はラモス＝オルタを歓待し約二時間の話し合いをした。ラモス＝オルタはきょうの目的はかれらの話をじっくり聴くことであり、満足している、なぜならアルフレド少佐は冷静であり、戦いを起こしたり暴力に訴えたりはしないと保証しているからだと記者に語った。

アルフレド少佐も記者のインタビューに応じた。この行動の目的について、「われわれはここに住民を守るために警察と一緒に警備にあたっているといい、いつ兵舎に戻るのかという問いには、「平和になり、人びとが落ち着きをとりもどし、すべての真実が机のうえに置かれたら」と答え、さらに嘆願兵士たちとの関係については、「かれらはかれら、われわれはわれわれである、かれらは軍人から民間人になった、わたしはまだ軍人である」と、質問をはぐらかした。

五月一二日、オーストラリア政府は、東チモール政府から要請があったらすぐに出動できるように、そしてオーストラリア人（約八〇〇人）をすぐに救出できるように二隻の軍艦をダーウィンに待機させた。

五月一三日、シャナナ大統領はラモス＝オルタを同席させ、アルフレド少佐と首都郊外の自宅で会談した。そしてアルフレド少佐はまたアイレウにもどった。会談の内容は公表されなかった。

五月一四日、オーストラリア軍特殊部隊の要員約二〇名がダーウィンから民間機で東チモールにやってきた。空港に降りるかれらの姿が地元新聞に掲載された。

このような状況のなかでフレテリン党大会の開催が迫り、マリ＝アルカテリ首相の辞任が政治的焦点となった。アルカテリ首相は、混乱を引き起こした一連の事件に国外からの要素が働いているという海外陰謀説を主張した。しかしどの国がどのような陰謀を、という具体的説明はしなかった。そして自分を辞めさせることができるのはフレテリンと国民だけだと辞任の意志のないことを示した。

だがフレテリン内部から改革派と呼ばれる者たちが登場し、党体制に反旗を翻した。そして

「嘆願兵士」のデモから発生した一連の暴動は（一年前の教会による反政府デモを含める人もいる）、すべてこのフレテリン党大会にむけた現体制と改革派の攻防であるという見方が出てきた。改革派の代表はインドネシア軍事占領時代から党の国連大使を、独立後は国連大使兼米国大使を務めてきたジョゼ＝ルイス＝グテレスである。

改革派の一人フレテリン中央委員会のビセンテ＝シメネスはオーストラリアのラジオ局のインタビューで、「われわれ八〇％はマリ＝アルカテリの辞任を望んでいる」、「われわれのほとんどは山で戦ってきて、民主的な手法を用いてきた。マリ＝アルカテリはモザンビークに滞在し、不幸にも権威主義を持ち込んできた。政治文化の衝突が生じている」などとアルカテリ首相を強い口調で批判した。改革派は、ジョゼ＝ルイス＝グテレスをマリ＝アルカテリ書記長の対立候補として、そしてエヂデオ＝デ＝ジェスス党第三区書記官をル＝オロ党首の対立候補としてそれぞれ擁立し、五月一七日〜一九日に開かれる党大会に臨んだ。

ところが党大会の二日目、現体制の支持者は党内選挙の投票方式を、従来の無記名投票から挙手による投票方法へ変える動議をだし、これが決議された。ジョゼ＝ルイス＝グテレスは、誰が誰に手を挙げるかが丸見えの状態では自由意思が反映されない、こんな方法はまるで共産主義者かレーニンの政党ではないかと非難し、改革派は立候補を取り下げた。結果、ル＝オロ党首とアルカテリ書記長は再選、現体制は維持されたのである。

二〇〇六年五月二〇日、独立四周年記念日を迎えたが、大勢の人びとが避難生活をはじめたなかで、祝賀気分になれるはずもない。こんなに神経を磨り減らす独立記念日が世界のどこにあろうか。

そして五月二三日、ついに銃撃戦が起こった。首都郊外のファトアヒという所で、ファルル中佐が率いる九名の兵士と、アルフレド少佐ら一一名が撃ち合った。五名が死亡、一〇名が負傷した。

銃撃戦はちょうどオーストラリアのSBS局がアルフレドを取材していたときに起こったので、後日、オーストラリアのドキュメンタリー番組としてこの撃ち合い場面がテレビ放映された。なお、ジョゼ゠ベロもこの取材班に参加していた。

SBS記者のインタビューを終えたアルフレド少佐は周囲の異変を察知し、臨戦態勢に入る。アルフレド少佐は銃の照準越しに敵を確認。よく通る声で、そしてテトン語で、アルフレド少佐は叫ぶ。「よく考えろ、若いの。十数える。ばかなまねはよせ」。十数えはじめる。「こっちは警告しているんだぞーっ」。十に達する。「撃て～っ」。アルフレド少佐が叫ぶ。発砲が始まった。銃を撃つアルフレド少佐の隣でなおも取材を続けるSBS記者は「一人しとめましたか」と声をかけると、アルフレド少佐は「ああ、しとめたと思う」。やがてアルフレドらは撤退し、銃声の間をぬってSBS取材班も逃げ出す。腰をかがめて木に隠れながらジョゼ゠ベロが歩く。そして取材班は近くまできたオーストラリア警察官の車両に乗り込んだ。

ジョゼ゠ベロはあとでわたしにこう話した。「F-FDTLは丘の上にいた。われわれは丸見えだった」。そして解放軍時代からの兵士の名前をあげ、「かれらが上にいたら間違いなくこっちは皆殺しだった。あんな取材はもうこりごりだ」。ファルル中佐と一緒にいたのは経験の浅い兵士だったようだ。ファルルが呼んだ応援がくると、アルフレドらは姿を消した。

東チモールの雨季は四月になるとその湿気の猛威はだいぶ緩み、五月も終わりが近づくと、浜辺からひんやり風が吹き身体が軽くなる。五月二二日の午後、およそ一ヶ月ぶりにまとまった雨が降り、二三日は五月として珍しい土砂降りだった。二三日の夕方、雨の中、銃撃戦のあった周辺住民は避難を開始した。

わたしがまだアルフレドの家によく遊びにいっていたころのある日、仕事から帰宅してきたアルフレドはやつれた顔をして、「俺は軍を辞めたい。国のために奉仕するのはいいが、マリ＝アルカテリのために奉仕したくない」とこぼした。軍を辞めるべきか、もう少し様子を見るべきか、アルフレドと妻のネティとわたしの三人が意見交換するなか、国家の軍事組織は国の機関として民衆に銃を向けることは貧しい国ではよくあることだという話題になったとき、もしあんたが民衆に銃を向けたら、わたしがあんたを殺すからね、とネティがアルフレドに言った。このときの会話がわたしの頭のなかで甦った。

国軍兵士同士の銃撃戦という「内戦」と定義しうる深刻な事態が発生したことで、オーストラリア軍はいよいよ出動準備態勢にはいった。

五月二四日、今度はタウル大将の自宅が銃弾を浴びた。ＰＮＴＬの副司令官が指揮する武装集団がラハネの丘にあるタウルの自宅を攻撃、タウルの護衛部隊と激しい銃撃戦を交えた。タウルの護衛部隊はゲリラ出身者が多く、ほとんどインドネシア軍事占領時代にわたしが出会っている生え抜きの戦闘員である。通常は二週間交代の勤務をしており、全員そろっても一〇人そこそこである。襲撃されたとき家には護衛隊は七人しかいなく、タウル大将とその妻イザベルは不在であったが、子どもが家にいた。銃撃戦で子どもたちは精神的ショックを強く受けてしまったとイザベル夫人はのちにわたしに話している。警官が率いるこの武装集団の数は、タウルを護衛するマリトの話では自分たちの一〇倍はいたのではないかという。子どもを避難させてくれとタウルはレアンドロ＝イザック国会議員を介して襲撃側に伝えると、襲撃側はこれを了承した。タウルの子どもが離れたのちに、改めて銃撃戦を開始している。その後、タウル大将に退却するよう命じられた護衛兵士らはラハネを去った。護衛側は一人が肩と胸のあいだに被弾し、もう一人が腕にかすり傷を負ったのにたいし、襲撃側は一名死亡、四人が負傷した。

同じ二四日、国防軍兵士八名が、警察や「嘆願兵士」そしてライ＝ロスと呼ばれる人物の仲間などから構成される武装集団から攻撃をうけた。この集団は数日前から国防軍本部のあるタシトゥールと、そこから海岸沿いに西方面へとつながるティバールという場所の丘から兵士の動きを観察していた。

五月二五日、その武装集団と国防軍のカイケリ大尉が指揮する部隊がティバールで銃撃戦となり、一〇名ほどの死傷者がでた。カイケリ大尉は警察によって頭を撃たれ死んでしまった。この日、わたしは人影のない首都市内を歩き様子を見ていたが、昼ごろ、車に乗っていた元地下活動家からカイケリの死を知らされた。

わたしがいたその場所の近くでさらなる惨劇が起こってしまった。国防軍は、警察による一連の攻撃にたいする自衛として、警察署近くにある元国防軍本部建物（それより以前は国連PKF建物）に陣取り、周辺に兵士を配置させた。近くには法務省の建物があり、そして東チモール国立大学のキャンパスがある。国連の事務所にも歩いていけるところだ。わたしにとって生活道路、毎日通る所である。そこで軍と警察の撃ち合いがはじまった。警察が降伏するかたちで停戦の運びとなった。国連警察の仲介で警察側は武器をおいた……と思われたが、兵士一名が警察によって狙い撃ちされ死んだ。国連警察は国連旗をはためかせ、武装解除した警官たちを並ばせ国連事務所に連れて歩いていたところ、武装解除が不完全であるかもしれないという不信感と警察の挑発的態度の返答として兵士六名は警察らに発砲した。八名の警官が即死、道路は血で染まった。

この流血の惨事が起こったときは、丸腰の警官に兵士が発砲した虐殺行為と一般に考えられていた。しかし病院に運ばれた警察官の遺体のポケットからピストルが確認されたという証言がある。武装解除を完全に確認せず、白旗ではなく国連旗を使用したなど、停戦手続きに落ち度があった国連警察の責任は重大である。さらに、司教が停戦の仲介者となる段取りができていたのに、功をあせった国連がでしゃばったという意見もある。

五月二五日の死者はこれだけでない。ロジェリオ＝ロバト内務大臣の親類の家が焼き討ちに

カイケリ大尉は2006年５月25日の銃撃戦で死亡。撮影は2001年６月21日，軍の第１期卒業式典，アイレウにて。

あって、六名（うち四名が一八歳以下の子ども）が焼死。国防軍は予備兵という身分にあるオアン＝キアクと呼ばれる男に銃をわたし、警察の動きを監視するよう「ラマ市場」と呼ばれる環状交差点に配備したところ、このアオン＝キアクが不審な車両に発砲し一名が死亡した。

五月二五日の夕方、東チモール政府から要請をうけたオーストラリア軍が東チモールに到着した。すると身を潜めていた住民が街頭にぞろぞろと姿を現してきた。オーストラリア軍の戦艦をこの目でみようと海辺にくりだした。わたしもモタエル教会向かいの浜辺にいってみた。大勢の市民がほっとした表情を浮かべていた。首都に鳴り響いた爆竹のような、パーン、パーン、パーンという銃声は止んだ。オーストラリア軍は「内戦」の抑止力として市民にうけとめられた。

五月二六日、親子連れ、少年少女たち、若い男女たち、お年寄りも散歩して風にあたる姿があちらこちらで見られた。久しぶりに安心して外の空気を吸えることを喜んでいる様子である。これでようやく安眠できるようになるかとわたしも思ったが、違った。

本物の混乱

五月二七日朝八時すぎ、わたしの滞在する『ディアリオ＝テンポ』事務所周辺が急に騒がしくなった。多くの住民が慈善団体の事務所に門を乗り越えて避難しようとしている。わたしと同じ敷地内に住むお母さんと大学一年生の娘は泣き出しながらうろたえ、近所の小さく痩せたおばさんは興奮して道端で包丁をふりかざしているではないか。

トラックに乗った武装集団がここを通過しただけだったのだ。かれらがちらりと姿を見せただけで住民はパニックに陥った。武装集団は手製の銃や山刀などを使用し敵対者やその家族を襲いはじめた。これは若者の集団同士が衝突する従来型の暴力事件であった。それが急に多発したのだ。

南側に煙がたちこめてきた。わたしは裏正面にある農林水産省兼開発省の屋上にあがってみたところ、煙はビラベルデ地区の家二軒から出ている。去年までわたしが住んでいた場所の近くである。火は見えないが、煙がもくもくとあがっている。

オーストラリア軍兵士一〇名ほどが二台の車両でやってきた。かれらはテレビの映像でよく見るイラクにいる外国部隊の姿そのものである。そのオーストラリア人兵士はわたしが入ったその政府建物に入り、この近所の様子を軽く見渡していた。感じのよさそうなオーストラリア人兵士一人がわたしに話しかけてきて、二軒の家が燃えているのは、家同士の争いによるものだといい、ある集団が銃を見せているだけで、銃撃はなかったですよという。若者らが暴れだしたのだ。

一〇時四五分ごろ、オーストラリア軍の軍用ヘリコプターがものすごい低空飛行をして飛んできた。わたしが日本から持参してきた南部砂鉄の風鈴は、ヂリリリ～ン、激しく鳴り出し、メリメリとトタン屋根がはがれそうな音がして、木の葉が舞い散った。

一一時ごろ、住民がまた慌てふためきだした。若者らの暴力抗争がいよいよ激しくなったのだ。四月から見てきたこれまでのパニックとはあきらかに異なるパニックの光景が首都を呑み込んだ。これまでは人の群れの動きに一定の向きがあったが、いま首都の住民は、何をしたらよいのか、どこへ行ったらよいのか、さっぱりわからず、散り散りばらばら、右往左往している。本物の混乱だ。

午後四時半ごろ、わたしはこんな光景をみた。まず一台の政府公用車が緑十字の旗をはためかせゆっくり進んできた。その後ろから若者たちが歩いてきた。荷物をもって前を歩く集団を、山刀やこん棒などをもっている集団が追い出している。追い出されている者たちは背中を丸めるようにゆっくり歩く。わたしの目の前で、追い出す側が、山刀や棒を振りかざし、石を投げたり投げるかっこうをしたりすると、追い払われている者たちは自分の持っているカバンを放り出して走り去っていった。西部出身者が東部出身者を居住区から追い出したひと場面だった。

普通、暴力事件が起これば、その現場近くの住民はみな怖がって家に引っ込んでしまうものであるが、この光景はみんな外で見ていた。追い出す者も追い出される者も普通の若者たちであることを知っているからだ。

追い払った者たちは、放り出された荷物の中身をそこらへんに投げ出した。路上に散らばったのは、薄汚れた衣類、ピンク色の毛糸の編み物は思い出のテーブル掛けだろうか、鶏もあったがもう死んでいるようだ。ビスケットは犬に食われてしまった。

首都を走るオーストラリア軍の戦車，2006年５月31日。

さっき追い払われた者たちはちょうど「ホテル＝チモール」というこの国の最高級ホテルのまえで留まっているのが見える。追い出した者たちも立ち止まって監視している。わたしもそのホテルの方へ行ってみると、徒歩による巡回を開始したオーストラリア軍兵士が追い払われた者たちを見張っていて、追い払った連中の方から手製の武器を押収していた。

五月二七日の夜、軍用ヘリは飛ばず、日中の喧騒がまるで嘘のように静まり返った。暴れた連中も疲れて休んでいるのだろうか。夜がこんなに静かで平穏ならば、ずっと夜でいてくれとわたしは願った。

五月二八日、暴力事件は続発するものの、約一六〇〇名のオーストラリア兵の展開により、騒乱と混乱は峠を越えた。家を追われた人びとは難民生活を強いられ、首都のいたるところに難民キャンプ場が設置された。怒りと悲しみの落ち着きが出はじめた。

二〇〇六年の四月二八日から五月下旬（あるいは六月上旬）ごろまでの騒乱状態は、その後「二〇〇六年の危機」あるいは「危機」と呼ばれるようになった。わたし自身は「東チモール危機」と表現している。危機的状況は六月になってもしばらく続くので、「危機」の期間は明確に定義づけはされていない。

国連の独立調査機関の報告（二〇〇六年一〇月）によれば「危機」の主な被害実態は以下のとおりである。

●死者三八名、うち民間人が二三人、ＰＮＴＬの警官一二名、Ｆ－ＦＤＴＬの兵士三名。

ホテル=チモール前広場の避難民，2006年５月31日。

●負傷者六九名、うち民間人三七人、PNTLの警官一三名、F-FDTLの兵士七名、国連警察官二名。
●およそ一五万人が家を追われ、約七万三〇〇〇人がデリまたはデリ近郊の避難キャンプに、約七万八〇〇〇人がデリ以外の地方に、それぞれ避難。
●おもに五月末から六月初旬にかけて一六五〇軒の家が破壊される。

首相の辞任

オーストラリア軍の戦車部隊は、わたしの目の前で「祖国殉教者大通り」を往来する。ガタガタガタ〜ッ、ものすごい地鳴りをあげて、乗用車並みにけっこう速く走るものだ。「嘆願兵士」、「東西問題」、軍と警察そしてアルフレドの反乱軍が合い交えて銃撃戦……、あれよあれよというまに、気がつくと、オーストラリア軍の戦車部隊が疾走する光景が日常化した。その光景は、まさに〝首都、制圧さる〟だ。

二〇〇六年五月下旬、この非常事態のもと、この国の最高権力者は誰か、政府と大統領府は口論した。自分たちの関係は良好だ——白々しくもこう言い続けてきたマリ＝カルカテリ首相とシャナナ＝グズマン大統領の対立はもう隠しきれない。治安維持の全権と軍の最高指揮権は大統領にあるとシャナナが発表すれば、自分もその権限を分け合うはずだと首相は反論する。国家は機能不全となった。

軍と警察は外出禁止、アルフレドの反乱軍は山に潜み、撃ち合いはなくなった。焦点は、マリ＝アルカテリ首相の辞任ありやなしやの一点に絞られた。辞任しないと暴動が再発すると首相が追い詰められると、一〇万人のフレテリン支持者を動員できる自分に挑戦しないほうがいいと首相は反発した。しかし「危機」を防げなかった首相としての責任は免れないし、さらなる暴動を避けるために辞任やむなしの声は多数派であった。また、マリ＝アルカテリは共産主義者のうえイスラム教徒でテロリスト――このような幼稚で差別的な空気も悲しいことに頭をもたげてきた。

二〇〇六年六月一日、ロジェリオ＝ロバト内務大臣とロケ＝ロドリゲス防衛大臣の二人の閣僚は「危機」の責任をとって辞任、ジョゼ＝ラモス＝オルタ外務協力大臣が防衛大臣を兼務することになった。六月二〇日、辞任したばかりのロバト元内務大臣に、武器不正流用の疑いで逮捕状が発行された。そしてアルカテリ首相の辞任を求めるデモ隊が政府庁舎前に結集しだし、シャナナ大統領は首相に辞任を要求する書簡を送りつけた。六月二二日、フレテリンの党支持を確認した首相は、大統領からの辞任要求を突っぱねると、大統領自身が辞表提出の意思を表明した。そしてこの日、ロバト元内務大臣は逮捕された。六月二五日、ラモス＝オルタら二人の閣僚も首相が辞任しないなら自分が辞任すると発表すると、ついに、六月二六日、マリ＝アルカテリ首相は辞任した。

シャナナ大統領は首相（防衛大臣兼任）にラモス＝オルタを、外務大臣にフレテリン改革派のジョゼ＝ルイス＝グテレスを任命した。七月一四日、新閣僚の就任式がおこなわれた。

アルフレド少佐はというと、オーストラリア軍の展開を歓迎し、マリ＝アルカテリを裁判にかけることを要求、独裁者を倒した英雄をきどり、マリ＝アルカテリを毒づいた。六月、アルフレドはいったん武装解除に応じたが、七月、武器携帯の容疑で刑務所に拘束され、八月三〇日、あっさりと脱走した。以降、アルフレドの反乱軍にサルジーニャ中尉の「嘆願兵士」は合流し、今後しばらく政治の不安定要素として君臨する。アルフレドとサルジーニャは初めからひとつであった。なお「嘆願兵士」のなかにサルジーニャ中尉らとは一線を画していた別の集団があり、こちらはタラ少佐が率いていた。わたしがマウシガ村で寝床を分け合ったあのタラ大尉（当時）である。そのタラ少佐の「嘆願兵士」は早々にシャナナ大統領に身柄をあずけ武装集団でないことを示した。

シャナナ大統領とラモス＝オルタ首相の組み合わせは、解放闘争組織ＣＮＲＭとＣＮＲＴの議長と副議長のコンビと同じだ。この国にはまだ政党政治の花が咲く土壌はできていなかったのか。ともかく当分この体制で「危機」がつくりだした難局を乗り切らなければならない。マリ＝アルカテリ首相は去ったが、政府自体はまだフレテリンが多数派である。はっきりとした新政権は二〇〇七年に実施される独立後初の大統領選挙と総選挙で決定される。

ところでこの五月二八日、ビラベルデ地区にある大聖堂でミサがおこなわれ、オーストラリア

辞任したロケ=ロドリゲス防衛大臣（左）とロジェリオ=ロバト内務大臣（右）。撮影は2004年６月，首都デリにて。

人記者のインタビューに応じたリカルド司教は、「唯一の解決はマリ＝アルカテリ首相の辞任だ」、それではじめて「政府が変わったのだからわれわれも変わらなければと思える」と語った。わたしは「おや？」と思った。聖職者ならばまず暴力行為を戒めるべきではなかろうか。だが司教はまるでアルカテリ首相の存在を理由に暴力を認めているような発言をしている。

フレテリンは、二〇〇五年の教会による反政府デモは「危機」の前哨戦だったという立場をとる。そしてフレテリンは、「危機」はシャナナ＝グズマンによるクーデターだとして、今後シャナナを怨敵として非難しつづけるのである。

なお、国連安保理は二〇〇六年八月二五日、UNOTIL（国連東チモール事務所）に代わるUNMIT（ウンミト、国連東チモール統合派遣団）の設立を採択、警察部隊とPKO（国連平和維持活動）が展開されることになった。

そしてオーストラリア軍は国際治安部隊（若干のニュージーランド兵を含む）として、UNMITの枠外で展開されることになった。

セニョール・アルフレドの暴走

「東チモール危機」はわたしの私生活にも大きな影響を与えた。悪化する治安と混乱する市民生活のなか事務所暮らしは無理となり、ジョゼ＝ベロが自宅の一室をわたしのために用意してくれた。なおジョゼ＝ベロが主宰する日刊『ディアリオ＝テンポ』紙は週刊『テンポ＝セマナル』（Tempo Semanal）として二〇〇六年一〇月に生まれ変わった。

ジョゼ＝ベロ宅はベコラ地区にある。一九九九年のインドネシア軍による騒乱時、最も暴力の嵐が吹き荒れたのはベコラかもしれないし、独立後も何かと騒動が起きるのは決まってベコラであった。しかしそんな過去の反省にたってベコラ住民は共同体の強化に取り組んだ。おかげで「危機」発生以降、さまざまな地区が治安悪化に悩まされているなか、ベコラは安心して歩ける区域となっていた。

まえにわたしが住んでいたビラベルデをときどき訪ねると、そこの住民は、難民キャンプになった国連事務所の駐車場から飛んでくる石の飛礫に悩まされ、若者同士の抗争に怯える生活をしていた。そんなビラベルデの住民も自治会をつくり、治安悪化で学校が閉まって勉強できない子どもたちのために、お姉さん・お兄さんが小さな子どもたちと一緒に遊んだり勉強したりする取り組みがされていた。試練を乗り越えながら、東チモールは独立国家として形を成していくのである。

二〇〇六年一一月、若者たちは街頭にくりだし、「西も東もねえ」「団結だ、団結だ」と平和を叫び、「東西問題」を払拭しようとした。そして成功した。もともとでっちあげの「東西問題」だ。長続きしなかった。銃撃戦を交わし流血の惨事を呼んだ軍と警察は政府庁舎前で和解の式典を催し、ファルル中佐は涙で顔を濡らした。一二月、政府は「共に平和を！」運動をおこない、最終日、政府庁舎前広場で政治指導者たちが勢ぞろいし、伝統にのっとった和解儀式を古式ゆかしくおこなった。マリ＝アルカテリ元首相は涙で顔をぐしょぐしょに濡らしていた。この式典で、シャナナ＝グズマン大統領は、「われわれ指導者は互いに耳を貸さなかった」と自分たちの非を認めた。こうした演出は「危機」的状況を遠ざけはしたが、問題は残されたままである。「危機」の原因が何も解明されていないし、アルフレド少佐の反乱軍は存在する。したがって難民は安心して家に帰れない。

そのアルフレド少佐は一一月下旬、南西部のスアイという町で開かれた集会に堂々と姿をみせ発言さえしている。テレビニュースの映像を見ると、オーストラリア軍兵士数人がアルフレドを囲んでいて、話をしている。それは監視ではなく護衛のようにさえ見える。

刑務所を脱走した人物がこのような待遇をうけているのは異様である。アルフレドが教会関係者や野党勢力と接触しているという話とともに、オーストラリアやアメリカの政府関係者と接触しているという目撃情報はもはや一般的となっていた。しかし大きな謎とされたのが、バズーガ砲を含めたアルフレドの所持する大型の銃器であった。軍や警察がそうした銃器を所有しているのなら、そこから盗み取ったものとして納得できるが、軍も警察もその種の銃器は所有しないという。『チモールポスト』（二〇〇六年一一月二九日）が「バズーガ砲をどこから入手したのか」と質問したところ、「わたしが所持するバズーガ砲などの武器は人びとのものである。大切なのは人びとを守ることだ」とアルフレド少佐は政治家きどりの回答をしている。大型銃器は、インドネシアから入手した、オーストラリアが提供した、実はもともと国内にあった、などなど巷で憶測が飛んだ。ラモス＝オルタ首相はオーストラリアからのものではないことは一〇〇％確実だと断言した。だがオーストラリア提供説が多数派であった。アルフレドがスアイというチモール海に近い場所にいるのは、オーストラリア軍のヘリコプターで海を越えてオーストラリアに渡っているからではないかという疑惑の声も出るくらい、アルフレドとオーストラリアの関係は噂の種となった。

二〇〇六年一二月二一日、アルフレド少佐とタウル＝マタン＝ルアク大将との話し合いが実現した。アルフレドはスアイから部下二人を連れ、オーストラリア軍のヘリコプターでオーストラリア軍の厳重な警護のもと国防軍本部のあるタシトゥールに降り立った。そこに居合わせたジョゼ＝ベロは、「アルフレドは王様のようだった」と皮肉る。会談はわずか四〇分ほど、すぐアルフレドはスアイへ飛び去った。会談の内容は非公開だったが、アルフレドの身分が民間人か軍人かが話題になったようだ。身分によって武器所持が不当なのか正当なのか、身分によって投降して裁判を受ける場合の取り扱われ方が違ってくるからである。会談後、記者たちにマイクを向けられたタウル大将は、アルフレドを「少佐」ではなく「セニョール」（氏）と呼んだ。軍人とは認めないぞ！という意思表示である。

二〇〇七年一月七日、アルフレドは拠点をスアイから山岳部エルメラに移した。相変わらずオーストラリア軍によって警護されている。ところが一月二六日、東チモール政府・国連・国際治安部隊の三者が、国連と国際治安部隊は東チモールの主権を尊重するという合意に達したことで風向きが変わった。

これはわたしの推測だが、四月には大統領選挙、六月には総選挙が待っている東チモールの指導者たちは、アルフレドを利用してきた反フレテリン勢力なども含め、選挙をとどこおりなく実施したい思惑で一致したのだ。そして、選挙を平和裡に実施したい東チモール政府と国連の要請を、国際治安部隊を主導するオーストラリアは受け入れたのだとおもう。

この三者合意によってアルフレドは孤立した。二月一日付けの国連安保理の報告では、アルフレドとその部下は選挙を脅かす脱獄中の武装集団とみなされている。

これ以降アルフレドは、政府と国連によって投降して正当な裁判の手続きを踏むように説得され続けることになる。裁判を受ける、いや受けない、条件付きで受ける、……、アルフレドは言葉を弄するだけの存在となっていった。

一月下旬、アルフレドたちを、マウ＝フヌ、エルネスト、エリ＝フォホライ＝ボート、まさに名立たる元ゲリラ司令官が訪ねて、問題の早期解決を政府に訴えたとき、少しはアルフレドの自尊心を満足させたかもしれない。しかし二月五日ごろ、アルフレドとその一味は、オーストラリア軍によって行動を規制され脅威を感じるという理由で、オーストラリア軍の前から姿を消した。

わたしはアルフレドの命が危ないと思った。アルフレドがアイレウに陣取るまえの二〇〇六年四月の時点で、かれの妻子がすでにオーストラリア政府の保護下に入っていたという情報がある。もしこの情報が本当だと仮定すると、アルフレドとオーストラリアは何らかの取り引きをしていたことになる。ところが二〇〇七年一月二六日の三者合意によって、アルフレドとオーストラリアの蜜月は終わり、アルフレドはオーストラリアに見限られたとすれば、オーストラリアにとってアルフレドは知りすぎた男だ。したがってアルフレドは危険を感じ逃げたのではないか……。

二〇〇七年一月から二月へと時間がたつにつれ、大統領選と総選挙が大きな政治関心事となっていった。大統領候補としていろいろな人物が取沙汰され、何の冗談か、アルフレドの名前さえものぼった。タウル＝マタン＝ルアク大将にも大統領候補者として期待する声もあがったが、二月一日、国防軍の創設六周年記念式典でタウル大将は出馬を否定した。総選挙にかんしては、シャナナ＝グズマン大統領がフレテリンに対抗する新党CNRTの結成が話題となった。解放闘争の最高機関CNRT（チモール民族抵抗評議会）の頭文字をそのまま頂戴したCNRT（東チモール再建国民会議）という新党である。

二月二五日、ジョゼ＝ラモス＝オルタ首相がバウカウ地方のラガで大統領選挙に出馬することを正式表明したその日、アルフレド一味は国境近辺にある警察駐在所三ヶ所から二五挺の武器を奪い、軍事状況が緊迫した。その夜、首相はインドネシアのユドヨノ大統領へ国境を閉鎖するように緊急要請し、そのとおりに国境は閉ざされた。アルフレドたちが西チモールへ逃亡できないようにするためである。翌二六日午後五時、シャナナ＝グズマン大統領は、アルフレドを逮捕する許可を国際治安部隊に出したことを発表した。

この声明のなかでシャナナ大統領がアルフレドの行為を「愚か」と表現したことにたいし、アルフレドはオーストラリアのＡＢＣラジオによる電話インタビューで、「わたしが愚かなら、言いたくはないが、最高司令官としてわたしを信用してきたシャナナはもっと愚かだということになる」とシャナナ大統領を挑発した。少し前まではマリ＝アルカテリを独裁者呼ばわりし罵声の対象としていたアルフレドだが、次なる対象はシャナナ＝グズマンとなった。またこのインタビューのなかでアルフレドは武器を奪ったことについて、「（警察詰め所に）友人として訪問して、かれらとコーヒーを飲みながら、ある者は昼食をとりながら話しをして、誰にも銃口を向けることなく武器をくれと頼んだだけだ、人びとを防衛するために」と否定した。

三月一日、国際治安部隊を主導するオーストラリア軍のマル＝レーデン師団長は、記者会見でアルフレドに投降を呼びかけ、投降しないのならこれから起こることすべての責任はアルフレドにあるといった。一方、アルフレドは投降の意志がないことを繰り返しメディアを通して発表した。アルフレドはマヌファヒ地方の主都サメの建物に立てこもり、サメは国際治安部隊によって包囲され、一般の出入りは厳しく制限された。

シャナナ大統領はロンギニョス＝モンテイロ検事総長をサメに派遣し、投降するようぎりぎりまで説得を試みたが無駄であった。三月三日夜一〇時ごろ、アルフレド一味とオーストラリア軍の戦いの火ぶたが切っておとされた。戦闘現場は国際治安部隊によって厳しく報道管制がしかれたので、そこで何が起こったかは発表に拠らなければならない。シャナナ大統領による三月四日の声明によれば、三日から四日の未明にかけ、アルフレド側に四名の死者が出た。そのうち二名が「嘆願兵士」であった。一般市民に被害は出なかった。しかし肝心のアルフレドにまんまと逃げられている。そしてシャナナ大統領はアルフレドを捕まえるまでこの軍事作戦は継続されると国民に告げた。

山の町サメでアルフレドと国際治安部隊が交戦しているあいだ、下界の首都デリではアルフレドの支持者や機に便乗するご都合主義的な暴漢らが、道路に障害物を置いたりタイヤを燃やしたり、政府施設に略奪に入ったりするなどして暴れた。こうなることは一般の人びとにとって予想の範囲内だ。首都の住民は平静を保った。

わたしは、三月五日、略奪にあったビラベルデ地区にある文化教育省に行ってみた。バングラデシュ人兵士が配置されていたので、「どうですか、状況は」とその兵士きくと、「問題ありませんよ」と笑顔をみせた。わたしが日本人だと知ると、「わたしの先生は日本人でした。かれは三年間バングラデシュにいて……」とその日本人教師の思い出を語り出すというのんびりした雰囲気である。

アルフレド捕獲作戦に反応して発生した暴力事件をうけて、シャナナ大統領は三月五日、戒厳令を含めてあらゆる法的手段を講じてこれに対処すると発表した。国連警察と東チモールの警察を後方支援するという形で国防軍も動員され、重要な施設や狙われやすい施設に兵士が配備された。

二〇〇六年「危機」のとき国家機関は内部対立し混乱したが、今回は内閣評議会でひとつひとつ手続きを踏みながら行動している。国家は地に足がよく張り付いているし、首都の住民は落ち着きはらって日常生活は乱れない。アルフレドは捕まらず逃亡しつづけるが、かれの負けである。

独立後初の選挙

二〇〇六年「東チモール危機」のなか民間人に武器を不正流用した疑いで逮捕・起訴されたロジェリオ＝ロバト元内務大臣の公判が、二〇〇七年一月から開始され、二月、ラモス＝オルタ首相とタウル大将がこの件で証言席に座った。

首相は、政府が攻撃されるかもしれないという噂が流れるなかで、当時の内務大臣が秩序回復のために民間人へ武器を渡したという状況を考慮すべきだと証言した。タウル大将も、これと同じ内容のことを証言し、内務大臣から武器を受け取った者が大臣のいうことを聞かなかったと付け加えた。興味深いのは国防軍への攻撃かんする証言である。二〇〇六年五月二三日から二五日までの国防軍への攻撃は「よく組織され系統的であった」と証言したのだ。背後に大きな力がいることを示唆した。

ロジェリオ＝ロバトには、二〇〇七年三月七日、七年六ヶ月の実刑が下された。

アルフレドが逃亡しつづけるなか、独立して初めてとなる大統領選挙がやってきた。選挙運動期間は二〇〇七年三月二三日から四月六日まで、頭を二日間冷やして四月九日の投票日となる。

立候補者は次のとおり。くじ引きで決められた立候補番号順でいく。フレテリン党首のル＝オロ。ＰＳＴ（チモール社会党）からアベリーニョ＝コエリョ。ＡＳＤＴ（チモール社会民主協会）のシャビエル＝ド＝アマラルは二〇〇二年の大統領選に続く二度目の挑戦。ＫＯＴＡ（コタ、チモール人戦士同盟）のマヌエル＝ティルマン。ＰＳＤ（社会民主党）からルシア＝ロバトはただ一人の女性候補。無所属のジョゼ＝ラモス＝オルタ。かつて（一九七五年）はフレテリンに内戦をしかけたが今はすっかり影が薄くなったＵＤＴ（チモール民主同盟）のジョアン＝カラスカラン。ＰＤ（民主党）のフェルナンド＝デ＝アラウジョ、通称ラサマ。

以上、八名の立候補者のなかから第二代目の大統領が選出されるが、ル＝オロとラモス＝オルタの事実上の一騎打ちである。政党から出馬した候補の獲得票数は、続いて実施される総選挙の目安となる。

大統領選挙戦のなか、シャナナ＝グズマン大統領による反フレテリンの狼煙があがった。三月二六日、新党ＣＮＲＴ（東チモール再建国民会議）の結党式が開かれた。シャナナは大統領という立場から、形式上この時点で創設者にも党代表にもなっていないが、新大統領が決まるのをまって、党代表に就き、総選挙に臨むことになっている。シャナナ大統領は、オーストラリアのラジオ局に、「去年四月とうとうわれわれは殺し合いをする事態に陥ってしまった。『シャナナはクーデターを起こそうとしている』とわたしは非難された。そう、いまわたしは選挙という民主的な手段でクーデターを起こそうとしている」と述べ、「シャナナ・クーデター説」を主張するフレテリンへの対抗心を露骨に示した。

フレテリンは新党CNRTの発足が話題になった当初から、この新党の名称に異議を唱えてきた。マリ＝アルカテリ前首相は、シャナナやその他の人による新党結成の決意を歓迎し、きたる選挙で競い合うことを楽しみにしていると断わりをいれたうえで、歴史的な意義のあるCNRT（チモール民族抵抗評議会）の名前を利用したCNRT（東チモール再建国民会議）という党名は、有権者を混乱させ惑わすもので、受け入れがたいと批判する。

CNRT（チモール民族抵抗評議会）が解放闘争の最高機関だった歴史からすれば、CNRTという党名だけで、フレテリンの票が新党CNRTへ流れることは予想できる。マリ＝アルカテリにも一理ある。

フレテリン現体制に反旗を翻したフレテリン改革派は新党CNRTの支持を表明した。それだけではなくフレテリン改革派はフレテリンの旗を使用して、ラモス＝オルタ大統領候補の応援活動を展開した。「FRETILIN改革派はラモス＝オルタに投票する」と書かれ、フレテリン党旗が描かれたTシャツが出回った。フレテリン改革派はこの党名にこだわる理由を、自分たちもインドネシア軍事占領時代にフレテリンの名のもとに死に家族を殺されたのだからと説明してい

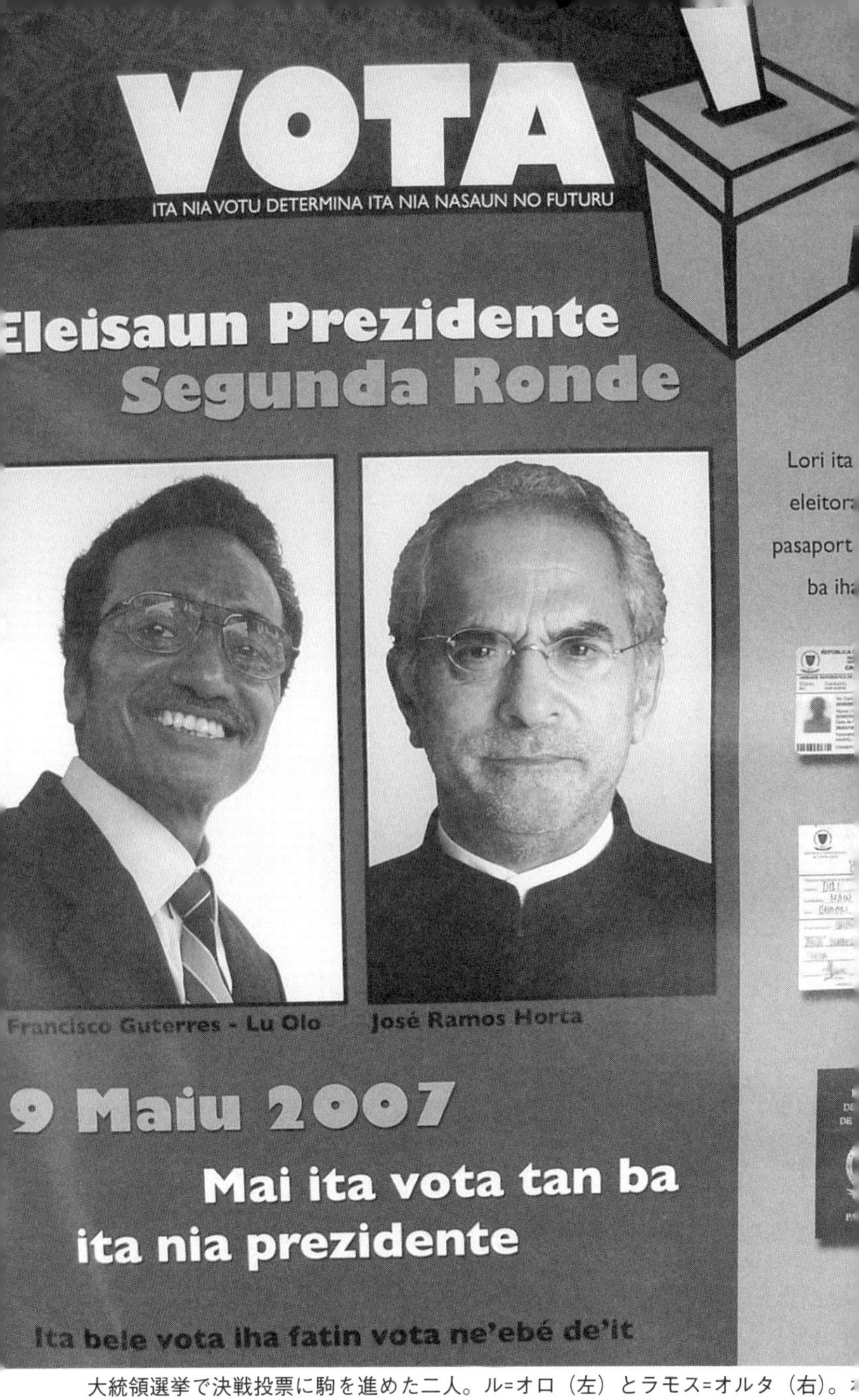

大統領選挙で決戦投票に駒を進めた二人。ル=オロ（左）とラモス=オルタ（右）。ポスターより。

る。シャナナもラモス＝オルタもみなフレテリン出身者である。一九七〇年代に解放闘争を開始したフレテリンの内部矛盾は、依然として東チモールに大きく渦巻いているのである。

選挙戦終盤を迎え、さすがに熱くなったか、支持者同士が衝突する事件も起きたが、全体的に大きな混乱はなく、四月九日の投票日を迎えた。結果、有権者五二万二九三三人、投票率八一・六九％、ル＝オロの二七・八九％の獲得票率が最高で、継いでラモス＝オルタの二一・八一％、ラ＝サマの一九・一八％、シャビエル＝ド＝アマラルの一四・三九％と続き、残りの候補は一ケタ台である。誰も過半数獲得にいたらなかったので、規定により上位二候補による決選投票に駒が進められた。決選投票の選挙運動は四月二三日から五月六日まで、投票日は五月九日である。

ラモス＝オルタは素早く反フレテリン勢力の協力を得たが、ラモス＝オルタの得票率に迫った民主党・党首のラサマはどちらも支持しない態度を示した。二〇〇六年の「東チモール危機」で治安が極度に悪化したとき、フレテリンとラモス＝オルタは多発する暴力事件の背後にサラマがいると名指しで非難していた。ところがラモス＝オルタが、自分が大統領になったらアルフレドの捕獲作戦を中止し、話し合いで問題解決を図ると発言したとたん、手のひらを返したようにラサマはラモス＝オルタの指示に回った。これでラモス＝オルタの過半数獲得が確実となった。どうだ、政治とはこうやるものだ、そんなラモス＝オルタのふんぞり返る姿が眼に浮かぶ。KOTAから出馬したマヌエル＝ティルマンは、ラモス＝オルタは節操がないとル＝オロを支持することに決めた。こうしてアルフレドの捕獲作戦は中途半端になってしまった。

シャナナ=グズマン首相（右）。写真は2007年11月28日の記念式典，政府庁舎前
て。東チモールでは，フレテリンが1975年11月28日に独立宣言をしたことにち
んで「11月28日」を「独立宣言の日」，2002年５月20日の「５月20日」を「独
回復の日」として，それぞれ祝日と定めている。

決選投票の結果、ラモス＝オルタの六九・一八％、ル＝オロの三〇・八二％、ラモス＝オルタが第二代の東チモール民主共和国大統領になることが決まった。

二〇〇七年五月二〇日、独立五周年記念日は、ジョゼ＝ラモス＝オルタ新大統領の就任式が兼ねられた。吹き荒れる暴力事件によって住民が息をひそめる一年前の散々だった独立記念日と比べれば、まともな独立記念日である。しかし暴力事件は相変わらず頻発するし、アルフレド一味は事実上の野放し状態、問題は何も解決されていない。

独立記念日が過ぎてすぐ総選挙である。国会（一院制）の六五議席を争う総選挙の運動期間は五月二九日から六月二七日まで、投票日は六月三〇日。結果は次のようになった。

フレテリンの得票率が二九・〇二％、獲得議席数は二一。CNRTは二四・一〇％で一八議席。ASDTとPSDの連合勢力は一五・七三％、一一議席。民主党は一一・三〇％、八議席。PUN（国民統一党）は四・五五％、三議席。KOTAとPPT（チモール人民党）の連合勢力は三・二〇％、二議席。エリ＝フォホライ＝ボートによる新党UNDERTIM（チモール抵抗民主国民党）は三・一九％、二議席。その他七政党は議席なし。

政権与党であったフレテリンは得票においては第一党の座を守ったが、シャナナ＝グズマンのCNRTとASDT／PSDの連合そして民主党とが連立を組むことになり、その議席数三七は総議席数六五の過半数に達することから、政権交代が確実となった。

八月六日、ラモス＝オルタ大統領はシャナナ＝グズマンを首相に指名し、シャナナ首班の組閣が組まれることになった。大統領による首相指名は憲法に沿うが、第一党の配慮も憲法に規定されているとして、フレテリンはこの決定に猛反発した。首都と、フレテリン支持者の多いバウカウ・ラウテン・ビケケ地方で暴動が発生した。八月八日、シャナナ＝グズマン首相の就任式をフレテリンはボイコットし、シャナナ連立政権を認めない態度を表明した。以降、フレテリンはシャナナ連立政権は憲法違反だという立場を貫いている。なお、このシャナナ連立政権はAMP（国会多数派連盟）と呼ばれる。

二〇〇六年の「東チモール危機」はシャナナによるクーデターであり、シャナナ首相の連立政権は違憲で承認しない、こうフレテリンは訴えつづける。フレテリンとシャナナ＝グズマンの対立関係は水と油のようにギタギタとてかってきた。

いずれにしても、事実上フレテリンは野党に下り、ラモス＝オルタ大統領、シャナナ首相の新体制が歩みだした。一般庶民は、指導者たちのこうした政治駆け引きを辟易して観ているが、フレテリン政権よりはシャナナ連立政権に少しは期待を寄せた。シャナナ連立政権は極貧状態にあるお年寄りや弱者たちに生活支援を配給するなどの政策に着手した。これまでフレテリン政権が顧みることのなかった人びとへの配慮は、シャナナ連立政権の支持者でなくてもフレテリンとの比較において、民衆に歓迎された。

国連や国際支援団体はシャナナ連立政権と、国内難民問題の早期解決に本腰を入れた。フレテリンとシャナナの尖がった対立関係を、ラモス＝オルタ大統領は丸く収める努力をした。暴漢らの衝突は多発するものの、事態は鎮まってきた。問題は逃亡を続けるアルフレド一味の存在である。

大統領・首相襲撃事件

二〇〇七年の年末から二〇〇八年一月にかけて、アルフレドのビデオメッセージがCDやDVDの媒介を通して出回った。アルフレドの主張は、二〇〇六年の「東チモール危機」の首謀者はシャナナ=グズマンだ、である。フレテリンはこれに飛びついた。かねてからフレテリンが主張してきた「シャナナ首謀説」に思わぬところから援軍がでたのだ。国会の場でシャナナ首相を追い詰めようとしたが、シャナナは「アルフレドは、あー言えばこー言う、意見がコロコロと変わり、自分で何を言っているのかわからない男だ」と切り捨て、アルフレドを完全に無視し、フレテリンの挑発に乗らなかった。

一方、アルフレドの問題を話し合いで解決してみせると公言してはばからないラモス=オルタ大統領は、ジュネーブの人権団体に仲介役を依頼してアルフレドと交渉を重ねていった。交渉内容は一切明らかにされていないが、おそらくアルフレドらが投降し裁判をうけて有罪になったあとに、大統領恩赦が与えられるという筋書きがあったのではないかとわたしは推測している。

二〇〇八年一月一三日、ラモス＝オルタ大統領は閣僚一名を伴い、マウビシでアルフレドと会った。会談内容はもちろん非公開だ。なお、アイナロ地方の山岳都市マウビシはアルフレドの母親の家があり、アルフレドの故郷だ。わたしは一度、アルフレドと妻のネティそして二人の息子とマウビシに遊びにいったことがある。マウビシの豊かな自然はアルフレドの自慢の種であった。

二〇〇八年一月二七日、インドネシアのスハルト元大統領が病気のため死去した。インドネシアによる東チモール侵略にかんする最大の責任者の一人であろう。シャナナ首相やタウル大将など東チモール政府要人はインドネシアが用意した特別機で国葬に参加した。

二〇〇八年二月六日、エルメラ地方で大雨による被害をうけた道路をみていた国際治安部隊のオーストラリア軍兵士がアルフレド一味と遭遇して威嚇発砲をうけたが交戦に至らなかったとオーストラリア軍が発表した。二月七日、政府が用意した「嘆願兵士」のための収容所にタラ少佐率いる兵士七一名が入所し、タラ少佐の「嘆願兵士」は政府の問題解決の方針に従う意向を示した。その晩、その収容所近くと、オーストラリア軍のキャンプ場で手榴弾のような爆発音が響いた。

そして二〇〇八年二月一一日。ラモス＝オルタ大統領とシャナナ首相が襲撃された。

アルフレド一味は二手に分かれ、朝六時一五分ごろアルフレドの部隊は大統領宅を襲い、およそ九〇分後にサルジーニャの部隊が首相の乗った車を待ち伏せ攻撃した。大統領は撃たれ重傷を負い、オーストラリア軍キャンプ内の病院に運ばれ緊急治療をうけ、午後オーストラリアのダーウィンに搬送された。首相の車は被弾したが逃げ切って首相は無傷であった。

アルフレドは大統領の警護隊に顔面を撃たれ死亡、アルフレドの若い部下一名も死亡、大統領側は兵士一名が重傷を負ったが死者は出なかった。二〇〇六年五月から反乱軍指導者として颯爽と登場したアルフレドは華々しく散った。さらば、セニョール・アルフレド。大統領と首相を襲った兵士らは山へ逃亡した。

同日午前、シャナナ首相は質疑応答なしの緊急記者会見をひらき、アルフレドの企みは失敗した、大統領は負傷したが容態は安定していると発表した。同日午後、首相はあらためて記者会見をひらいた。アルフレドの行為は国家を標的にした許し難い行為であること、アルフレドの死体は解剖のために病院へ運ばれたこと、市民へは平静を保ち警官による車の検問に素直に応じて治安維持に協力するよう、ジャーナリストへは事実確認をしてから報道するよう呼び掛けた。

なお、アルフレドら約一〇人が大統領宅に押し入ったとき、ちょうどラモス＝オルタ大統領は日課である朝の散歩に出ていたときであった。寝込みを襲って警護の者から武器をあっさり押収したアルフレドであったが、肝心の大統領がいない。大統領はどこだ、家の者にきいてまわる。しかしアルフレドたちの目の届かなかった警護員がいた。その警護員は銃を執り銃撃戦が始まった。自宅方向から銃声がきこえてくる、なんだろう、大統領は通りがかったポルトガル人にたずねたところ、射撃訓練をしているのではないかといわれ、気にせず銃撃戦の現場へと歩き続けて

大統領邸を襲撃して死亡したアルフレド少佐（右）とその部下（左）の慰霊が遺体を待つ，2008年２月13日，首都デリ，アルフレドのおじの家にて。

しまった。大統領はアルフレドの部下が自分に銃口を向けたのを見て振り返って逃げようとしたが、背中に二発の銃弾を浴びてしまった。国連の軍も警察も、国際治安部隊のオーストラリア軍もいない、倒れた大統領は携帯電話で自ら各方面・関係者に電話をかけまくった。大統領は血を流しながら、救急車が到着するまでの三〇分間もそこに横たわった。報道をまとめると以上のような描写になる。

重傷を負った大統領から連絡を受けたひとりにジョゼ＝ベロがいる。ジョゼ＝ベロはオーストラリア軍の病院に駆けつけ大統領に面会した。ビデオカメラなど取材道具の持ち込みは軍の許可を得られなかった。どのような言葉を交わしたのか、わたしはジョゼ＝ベロにきくと、大統領はすでに口に呼吸器をはめられていたので会話はできなかったという。

大統領と首相が同日に襲撃されるという異様な事件は「二・一一」（オンゼ・デ・フェベレイロ、11 de Fevereiro）と呼ばれるようになった。「二・一一」により、よくも悪くも膠着状態にあった「嘆願兵士」とアルフレドの武装集団の問題が堰を切ったようにいきなり解決へ動きだすことになった。

アルフレドが死亡したことで、アルフレドに共感する者たちによる弔い合戦が起こり、治安のさらなる悪化が懸念されると外国メディアは報道した。幸い、これはまったくの的外れであった。「正義」を連呼し政治指導者たちに歯切れのいい反抗をするアルフレドは、一部の若者の心を捉えた。アルフレドはちょっとした〝教祖さま〟になり〝信者たち〟を酔わせていたのだ。しかし大統領と首相を襲撃するという行為は〝信者たち〟の酔いを覚ました。そんな若者はわたしの近くにもいる。かれは「正義を求めるのならわかるが、大統領を撃つなんて……」と戸惑って、「わからない、どうなっているんだ」と混乱していた。そして「きょうはこれ食ってゆっくり考える」と滅多に買えない高い魚を買って昼から家に引っ込んだ。かれの回復は早そうだ。

アルフレドの死は、支持者による弔い合戦にも、この機に便乗して悪巧みしようとする暴力事件の発生にも、どちらにもつながらなかった。大統領と首相への襲撃という極端な暴力行為によって、二〇〇六年「危機」から東チモール社会を覆ってきた暴力の風潮にたいしてこの国すべての人びとに猛反省を促す結果となった。皮肉なもので、アルフレドの死によって、東チモールの治安は劇的に回復することになったのである。

こうなれば大きな問題はあと二つだ。アルフレド一味の残党を捕まえること。そしてなぜアルフレドはこんなことをしたのかという謎解きである。

謎解きの方はご多分にもれず諸説紛々である。アルフレドの愛人がアルフレドを操っていたとか、その愛人の口座に百万ドルが振り込まれていたとか、アルフレドは大統領に話をしに家を訪ねただけだったとか、アルフレドは罠にはまって口をふさがれたとか、とりあげればキリがない。真実が明らかになるときが必ず来るとわたしは信じるが、いつその日が来るのかはわからない。

さて、緊急を要する問題はアルフレド一味の捕獲だ。大統領が撃たれたとあっては、もはや待ったなし、反乱兵士の討伐は東チモール国家として絶対である。東チモール政府は国家非常事態を発令した。

タウル＝マタン＝ルアク大将は、この国で治安の権限をもっている国連や国際治安部隊の怠慢をなじった。反乱軍討伐は外国部隊では無理である。政治的駆け引きもなし、国際社会へのご機嫌伺いもなし、大統領府・政府・軍・警察がまとまった。政府は国連と国際治安部隊を脇におしやることに成功し、軍と警察とで構成され、タウルを団長とする合同部隊を結成、反乱軍狩りの権限を得た。

二〇〇八年二月二二日、合同部隊の出陣式でシャナナ＝グズマン首相は、国連警察や国際治安部隊の関係者を前にして、「この二年間、大勢の国際部隊がいたが、われわれは何を得ただろうか。われわれが行動するときが来た」と演説した。外国人の顔色をうかがうことはしなかった。そして合同部隊の隊員には、「われわれは今、かれら（反乱兵士）の追跡を開始する。かれらを追跡し、かれらを破壊する。かれらを破壊せよ、そうすれば人びとに安定をもたらすことができる。かれらを破壊せよ、そうすれば国が発展できる。隠れつづけたいなら、そうすればいい。だがもう時間切れだ。人びとは平和な暮らしを求めているのだ」、「自分を信じろ」と檄を飛ばした。

シャナナ首相は、「逮捕せよ」ではなく「破壊せよ」といった。解放軍の総司令官時代を含めて、シャナナがこれほど過激な表現を使用したことがかつてあっただろうか。

「二・一一」は、これまた皮肉なもので、東チモールの指導者と国家機関をかつてないほどの結束に導いたのである。

合同部隊の活躍

「破壊せよ！」というシャナナ首相の檄とは裏腹に、合同部隊の行動は極めて冷静かつ沈着、そして非暴力的であった。山のなかの合同部隊はこつこつと住民と対話を重ね、住民を味方につけ、敵を包囲していくという高度なゲリラ戦術を採用した。合同部隊はまさに解放軍の再来であった。インドネシア軍が撤退してからというもの、指導者たちとの接点を失い、正しい情報を得られなくなった山の住民にとって、国家機関の人間がやってきて、この国で何が起こっているのか説明してくれたのは初めてのことだった。住民は喜んだ。逃亡兵士らは孤立し、一人またひとりと投降していった。

二〇〇八年三月二日、「二・一一」の実行犯一七人の一人でアルフレドの腹心といえるスサールと呼ばれる人物が投降した。スサールは大統領を襲撃した方の男だ。アルフレドを継いだのはサルジーニャではあるが、反乱軍を指揮する力はなかった。大物が投降したことで、もはや反乱兵士の逃亡はたんなる悪あがき、あるいは気持ちの整理をする時間稼ぎであった。

一方、「嘆願兵士」用の収容所にはぞくぞくと除隊兵士が自発的に集まってきた。三月一日の時点で六〇〇名を超えた。シャナナ首相は「嘆願兵士」を次の三種類に分類する。一、「危機」

以前に兵舎を出た兵士。二、サルジーニャとともに行動した兵士。三、「危機」の最中に兵舎を出た兵士。首相は収容所で「嘆願兵士」に、君たちは自分でどの分類に属するのかわかっているはずだ。何が自分にとって解決になるのか、まず自分でよく考えろ、と演説した。

その後、収容所に集まった「嘆願兵士」の登録数は最大七〇九に達した。政府はこれら兵士らに、兵舎を放棄していた期間の給料を払ったり、職の斡旋をしたりするなどして新しい道を進ませた。

「嘆願兵士」問題の解決に見通しがでてくると、今度は、難民キャンプのテントがたたまれるようになった。政府は「ともに未来を築こう」計画を立てて、国連とともに難民問題の解決に取り組んだ。三月だけで三二一世帯が難民キャンプを去り、四つの難民キャンプがなくなった。この動きはその後も加速されていった。「ともに未来を築こう」計画の対象となる避難民は二〇〇六年四月から二〇〇七年一〇月までのあいだに家を追われた人びとである。なお二〇〇七年一〇月の難民とは、シャナナ連立政権発足に反発した者たちの暴力によって家を追われた人びとである。政府は各難民の状況に応じて、家の修繕費や生活義援金や食糧を提供したり、新しい滞在先を探すなどしたりして、キャンプ生活者を民家の生活に戻そうとした。

しかしこの難民問題とは、たとえ二〇〇六年「危機」以降の問題であっても、つまるところ東チモール人の住居問題となってしまうので、インドネシア軍事支配が東チモールに製造した人工的な居住環境の問題にまで掘り下げて考えざるをえない。難民キャンプが首都から姿を消したとしても、それが即難民問題の解決を意味しない。

二〇〇八年四月一七日朝八時ごろ、ジョゼ＝ラモス＝オルタ大統領は特別機でオーストラリアから生還した。この日、首都デリは大統領を迎える群集が沿道を埋め尽くし、大統領歓迎一色に塗りつぶされた。空港で記者会見をし、一〇時ごろ国会に寄り、一〇時四〇分ごろ、大統領一行は国会を発ち、自宅へと向かった。自宅五〇〇メートル前で大統領は歩き、鼓笛隊が出迎えた。大統領が撃たれた現場へ通じるその道は「四月一七日通り」と名付けられた。

二〇〇八年四月二三日、国家非常事態もサルジーニャらが潜んでいるエルメラ地方のみの適用となった。「二・一一」実行犯すべての投降は時間の問題である。

ジョゼ＝ベロの新聞『テンポ＝セマナル』は、投降が近いと思われるサルジーニャへのインタビューに成功した。二回（二〇〇八年四月八日と一五日）にわたって掲載されたそのインタビュー記事によれば、サルジーニャは「二・一一」について、「襲撃の前の晩九時三〇分、アルフレドが自分たちのところへ来て、大統領と首相に会いに行くと言い、殺しに行くとか捕まえに行くとは言わなかった、アルフレドは酔っていた」といい、「命令内容はあまり明確ではなかった」あるいは「命令はなかった」といい、「軍隊なのでわれわれ兵士は上官の命令には従うだけ」と話す。アルフレドの愛人については、「アルフレドはわれわれに耳を貸さなくなり、彼女のことしか聞かなくなっていた」と答えている。一月、アルフレドとともにマウビシで大統領と会ったとき大統領は恩赦を約束したかという問いにサルジーニャは、話題にはのぼったと答えたが、約束したかどうかについては曖昧な返答をした。また、シャナナ首相の車に発砲したのは自分ではないとも答えている。

二〇〇八年四月二四日、サルジーニャの身柄は合同部隊と教会関係者のもとにあった。事実上の投降である。正式な投降は、四月二九日、サルジーニャとその部下がエルメラから政府庁舎に移ったときだ。政府庁舎にはラモス＝オルタ大統領ら、政府要人が待ち構えていた。なお、シャナナ首相と九人の閣僚そしてタウル大将はインドネシア訪問中で不在であった。大統領は、ずらりならんだサルジーニャら反乱兵士のまえに座り、演説をした。自分を撃った者がこの中にいるのだ。自分を撃った者を前にして演説するというのも珍しいのではないか。それにしても貫禄のあるラモス＝オルタ大統領のまえでは若い反乱兵士らは純朴たる牧童そのものである。

大統領は、「もう言い訳も議論もなしだ。アルフレドとその部下がわたしの家に来て、大統領を撃ったのだ。これは国家全体にたいする犯罪である。したがって君たちは裁判で説明しなければならない。誰が君たちの背後にいたのか、誰がこの計画を立てたのか、誰が資金を提供したのか、誰が武器を与えたのか。国家はこれ以上、暴力にもてあそばれてはならないのだ」。

そしてこう続く。「わたしはもうやさしくは言わないぞ。やさしく言えば、つけあがる者がいて、国家をなめて見る者がいるからだ。この二年間、わたしは山へ行ったり来たりして、アルフレドをなだめようとし、嘆願兵士の権利を守ろうともしてきた。わたしは何度も少佐（アルフレド）と対話の場をつくり、かれらの立場や君らの立場を確認しようとした。その結果、わたしは

2008年４月17日，学校も休校となって首都の住民はラモス=オルタ大統領を迎え
ために沿道を埋めた。

犠牲者となったのだ。したがって君らは裁判で説明しなければならない。誰がアルフレドをわたしの家に送ったのか。軍服・通信機器・携帯電話の通話料金カードは誰が与えたのか」。このあたりから大統領の感情が高まってきた。

「君たちが国家の言うこと聞いて投降したことをうれしく思う」と言って少し気を持ち直し、「一人の人間として、一人のキリスト教徒として、君たちを赦すが、一国の大統領として、一人の市民としてはそうはいかない。君たちは裁判にかからなければならないのだ」。裁判でちゃんとしゃべれ！と大統領は目の前の反乱兵士らに説教した。

その部屋は暑いのだろう、後ろに立っている者が大統領に扇子で風をおくっている。途中、大統領は言葉に詰まりそうになり、口をパクパクさせる場面があったが、言葉は途切れなかった。テレビ画面からも大統領の目に涙が浮かぶのがわかった。

こうしてアルフレドの反乱軍は壊滅し、「嘆願兵士」も収容所に集まり、国防軍の除隊兵士の問題は社会不安の要素でなくなった。

交戦することなしに反乱兵士全員を投降させたのは合同部隊のみごとな成果である。ただし、山刀を振りかざして合同部隊に襲いかかった民間人が射殺された事件が一件発生したのは残念だ。可能な限り戦闘を回避し、敵の周辺を囲い込み、敵をおとす、それが近代的なゲリラ戦だ。銃撃戦こそなかったが、合同部隊の一三八二人がこの作戦中、マラリアや結核そして食欲減退や下痢あるいは低血圧症など何らかの疾病を患ったというから、近代的ゲリラ戦術とはやはりたいへんな軍事行動といえるかもしれない。合同部隊の作戦はその後もしばらく継続され、住民に不法所持される武器を押収していった。

ところで、二〇〇八年四月二三日、ラモス＝オルタ大統領は国会で帰国報告となる演説をした。来る独立記念日に、八〇名の受刑者に赦免を与えると発表し、そのなかになんとロジェリオ＝ロバト元内務大臣も含まれていた。元内務大臣が属するフレテリンへ、シャナナ連立政権を承認しない立場をかえて国会の正常化に協力してくれというメッセージであろう。なお、この内務大臣は実刑判決をうけたその年の八月、健康上の理由でマレーシアの病院に移されている。

二〇〇八年五月二〇日、六年目の独立記念日。大統領は演説のなかで、フレテリンの英雄とシャナナ＝グズマンを称え、指導者たちに話し合うようにと訴えた。シャナナにはフレテリンへ歩み寄るようにとメッセージを送ったのだ。いまやラモス＝オルタ大統領は、かつてシャナナが担っていた役割、つまり政党間同士の争いをなだめる調停役を担うようになった。

治安が回復していくなかでの独立記念日、暴力に脅かされることなく、あちらこちらで町内会の催す行事やレクレーション大会が開かれていた。人びとの表情はこれまでになく緩やかになった。心休まる祝日だ。「危機」から東チモールは立ち直っていった。そして五月二一日、難民キャンプの象徴ともいえるホテル＝チモール前の難民キャンプから避難民は撤退を開始したのである。

名を語らず……

低緯度に位置する東チモールの高温多湿の気候は、二月に猛威を振るう。マラリアやデング熱などの瘴癘が容赦なく体力を奪い、命をも奪う。二〇〇九年二月、わたしの最初の下宿先だったパルミラ母さんが病気で亡くなった。三男のエウゼビオは「母さんがあの世でアルフレドに会ったら、叱るだろうなあ」と冗談をいう。アルフレドはよくこの家に遊びに来たものだ。

サンタクルス墓地でパルミラ母さんの柩が埋葬されるとき、タウル＝マタン＝ルアク大将と元防衛大臣のロケ＝ロドリゲスも姿を見せた。パルミラ母さんはタウルにとって最後の〝潜伏先〟の母さんだった。タウルは柩に花を添え涙をふいた。名物母さんがいなくなったのでわたしの胸にもぽっかりと穴が開いてしまった。

二〇〇九年五月二〇日、独立七周年記念式典、いつも軍が主役であった行進で、警察が先頭を歩いた。初めてのことだ。軍が警察に譲ることで両者の一体感が表われた。兵士の前を行進するのは、国旗模様のスカーフを首にまいて上下純白の制服を着る男女の警察幹部候補生たちだ。かれらが手にするのは銃ではなく、国旗だった。そして注目すべきは大統領の演説である。大統領は、注意深く、慎重に、いかなる東チモール人の個人名や組織名も出さなかった。誰が英雄で、どの政党・何の組織が成果をあげたか、いっさい言及しなかった。これが独立七年目にして到達

2009年５月20日，独立７周年記念日，PNTL（前）と F–FDTL（後）の行進，政
庁舎前にて。

した東チモールの結論である。名を語らず、人を想い、涙する……。
二〇〇九年八月三〇日、東チモールが独立を決めた住民投票から一〇年がたった。

おわりに

東チモールの首都、サッカースタジアムのある環状交差点から東へつづく一本道はベコラ地区へつながる。インドネシア軍撤退後、この道は「報道の自由通り」と名づけられた。この道をわたしは飽きもせず一九九三年から歩きつづけている。インドネシア軍事占領、国連暫定統治、独立……、時代が変わり、この道の風景もずいぶん変わった。

この通りでは最近、家具の注文に追いつけない大工屋の電動工具がうれしいうなり声を景気よく響かせている。二〇〇九年、良好な治安のもと一二・八%という世界第二位の経済成長率を遂げるという好調な経済状態の反映である。一昔前は道沿いに中国系インドネシア人が売店を営んでいた。今は大陸からきた色白の中国人が番をする店がベコラまで達してきた。北東アジア人の顔は珍しくなくなり、おかげでわたしは歩いていても目立たなくなった。

そのベコラに住むジョゼ＝アントニオ＝ベロは自分が主宰する新聞『テンポ＝セマナル』を媒介にし、経済成長の陰に隠れる汚職問題を閣僚から起訴されるなどさまざまな圧力を受けながらも追及しつづけている。

ある日、ジョゼ＝ベロはオーストラリア人の牧師を自宅へ夕食に招待した。この牧師の息子は、ファトアヒでアルフレドの反乱軍と国防軍が撃ち合った現場を取材していたジョゼ＝ベロを車に乗せて避難を助けた警察官だった。ジョゼ＝ベロはその父親にお礼をしたかったのである。

その牧師は、東チモールにとっての和解とは何か、さかんにジョゼ＝ベロから意見を聞きだそうとしていた。ジョゼ＝ベロは答えとして次のような話をした。

二〇〇五年、ジョゼ＝ベロが西チモールに民兵指導者だった人物を取材しにいき、その足をジャカルタへ伸ばしたときのこと。西チモールに住む元インドネシア軍関係者は元地下活動家であるジョゼ＝ベロの行動を観察し、ジョゼがジャカルタに行くことをジャカルタの軍人に伝えた。そしてジャカルタでインドネシアの軍人はジョゼをホテルで待ち構え、ジョゼを自宅に招待した。その軍人は数名とともに正装をして自宅にジョゼを迎えた。そしてその軍人はなんと、一九九七年六月、インドネシア軍が解放軍の英雄・デビッド＝アレックス司令官とジョゼたちを捕まえたとき、ジョゼを拷問したのは自分だったと告白したのであった。ジョゼは拷問されたとき目隠しをされたので、相手の顔は知らなかった。そしてその軍人は、実はジョゼを殺すように命令されたが、それはできなかったといった。ジョゼは、なぜですか、命令に背くとあなたの命が危なくなるでしょうときくと、ただ君のことを殺すことはできなかったと応えたという。そしてジョゼ＝ベロはその牧師に、「本当の和解とはこういうことから始まるのではないでしょうか」と回答したのであった。

外国支配から解放され独立を達成した東チモール人は、ようやく自分の人生を自分で決定して生きていく大きな機会を獲得した。だが、虐殺・拷問・強かんの被害者・犠牲者の遺族である東チモール人は過去を乗り越えて人生を歩むことはまだできないでいる。身体と心の傷を癒すための救済が不十分だからだ。外国支配による後遺症はまだ東チモールをつかんではなさず、東チモール人が未来へ進むのを阻もうとしている。

ジョゼ＝ベロが牧師に話したなかに東チモールが未来へ進むためのヒントがあるのではないか。東チモール人はまず事実を知りたいのだ。永きにわたるポルトガル植民地支配のもと、三年半の日本軍による占領下で、そしてもちろんインドネシア軍事占領下で、誰が何のため何をしたのか、愛する者たちは何処へ消えてしまったのか、事実を知りたいのである。

「東チモール危機」も「二・一一」も、政治的な内部矛盾が原因となり、なんらかの国際政治の力学が働いたとしても、外国支配が遺した闇が依然として東チモール人の心を傷つけているからこそ起こりえた事件だとわたしは推理する。これらの事件が謎で終わってはいけない。独立しても、積み重ねられるのが謎であって事実でなければ、東チモールに平和は来ない。ひとつひとつの事実の積み重ねが、本当の和解につながり、正義の実現につながり、そして真の解放につながるであろう。そこへ到達するため、東チモール人は長い長い道のりを歩んでいるのである。

＊

侵略軍が去った一九九九年末から、わたしは東チモールに長期滞在を繰り返し、解放闘争時代に知り合った東チモール人たちとごく普通の日常生活をしながら二一世紀最初の独立国をみてきた。その間、東チモール人と東チモールに連帯する人たちと協力して、わたしは東チモール人を対象とする小冊子をつくり配布をするという活動を細々としてきた。小冊子の中身は科学・政治・言語・歴史等々とりとめもない内容であるが、識字率が低い東チモールで読み書きの環境づくりに役立てられたらよいとおもう。東チモールの新聞の流通が全土に拡充されてきたので、これからはその経路を利用させてもらい小冊子を全土に配布したいと考えているところである。

インドネシアのバリ島は、ちょっとした休みを利用して大勢の日本人観光客が訪れるリゾート地であるが、東チモールへはそこからわずか九〇分だけ飛べば行ける国である。東チモールだって、ちょっとした休みを利用して訪れることのできる美しい風景をもつ観光地だ。東チモールと日本が互いに親しみをもつ近い国同士になってほしいと願う。

およそ一〇年前に書いた『東チモール・抵抗するは勝利なり』が刊行されて以来、次なるこの東チモール・ルポの刊行実現のために辛抱しつづけてくれた社会評論社の松田健二さんに厚くお礼を申し上げたい。また、東チモールに連帯し支援活動する多くの人たちにお世話になった。この場を借りてその人たちに感謝と敬意を表したい。

そしてこの本をすべての東チモール人に捧げる。

東チモールに平和を！（Dame ba Timor Loro Sa'e! ダーメ・バ・チモール・ロロ・サエ！）

ありがとうございました。（Obrigado barak. オブリガード・バラク）［カッコはテトン語］

二〇一〇年二月四日、吹雪の津軽にて。

青山森人

相の辞任。7月　ジョゼ=ラモス=オルタが首相に就任。
2007年4～5月　独立後初の大統領選挙。ジョゼ=ラモス=オルタが第二代の大統領に選出。6月　独立後初の総選挙。フレテリンは過半数に届かず，反フレテリン勢力が過半数を獲得。8月　シャナナ首相率いる連立政権の発足，フレテリンはこれを承認せず。
2008年2月11日　アルフレド少佐の反乱軍が大統領と首相を襲撃，「2・11」事件。大統領は重傷，首相は無傷。アルフレドは部下1名とともに死亡。反乱兵士らは逃亡。4月　反乱兵士すべて投降。
2009年　良好な治安のもと，経済成長率は世界第2位の12.8%を記録。しかし汚職が蔓延し，貧富の格差が拡大する様相を呈する。7月「2・11」実行犯の容疑者28名にたいする公判がデリ地方裁判所で始まる。8月30日　住民投票から10年。この時点で，東チモール難民（1999年9月発生）は，まだ何らかの理由で3万人ほど西チモールに留まり，困窮生活をしているといわれる。
2010年3月「2・11」裁判の第1審，5人が無罪，その他は最高16年などの懲役が言い渡される。事件の解明には至らず。

5月5日　インドネシアとポルトガルと国連が東チモールの帰属を明確にするため，東チモール住民による直接投票を8月に実施することで合意。8月30日　東チモールの住民投票。有権者は約45万人，投票率98.6%。9月4日　開票結果の発表。インドネシア自治案を拒否した独立票が78.5%を獲得。独立を願う東チモール人の勝利。インドネシア軍による大規模な破壊活動，25～30万の難民発生。9月20日　オーストラリア軍を中心とする多国籍軍「東チモール国際軍」の東チモール上陸。インドネシア軍事支配の事実上の終焉。

●国連統治から独立へ

1999年10月31日　インドネシア軍が東チモールから完全撤退。国連による暫定統括へ。
2000年3月27日　PNTL（東チモール国家警察）の創設。8月21～30日　CNRT国民会議。CNRT/CNと改名。
2001年2月1日　解放軍がFDTL（東チモール防衛軍，すぐのちにFALINTIL-FDTLと改名）へ改組。6月　CNRT/CNの解散。8月30日　制憲議会選挙の投票日。フレテリンが全88議席のうち55議席を獲得。
2002年4月14日　大統領選挙。シャナナ=グズマンが大統領に選出。5月20日　東チモール民主共和国の独立。国連による暫定統治が終わり，フレテリン政権の発足。フレテリン党首のル=オロが国会議長，書記長のマリ=アルカテリが首相，無所属のラモス=オルタが外務協力相，無所属のシャナナ=グズマンが大統領に就任。

●独立国家・東チモール民主共和国の時代

2002年9月　東チモール，191番目の国連加盟国となる。
2004年5月　国連，東チモール政府へ治安維持の全権を移譲。
2005年4月～5月　カトリック教会による大規模な反政府デモ。
2006年4～6月　「東チモール危機」の勃発。武力衝突・放火・略奪などで治安が極度に悪化。約15万人が家を追われる。5月　オーストラリア軍が「危機」を収めるたに軍事活動を開始。6月　アルカテリ首請。結局，この要請は聞き入られず。

●インドネシア軍事占領の時代

1975年10月　インドネシア軍，越境して東チモールを攻撃。11月28日　フレテリンが「東チモール民主共和国」の独立宣言。12月5～6日　アメリカのフォード大統領とキッシンジャー国務長官がインドネシアを訪問，東チモール侵略に事実上の「ゴーサイン」を出す。12月7日　インドネシア軍，東チモールの全面侵略を開始。12月8日　ポルトガル政庁，アタウロ島から帆装戦艦で本国へ撤退。
1976年7月　インドネシア，東チモールを27番目の州とする。
1978年1月　オーストラリア，インドネシアによる東チモール併合を承認。
1981年3月　解放闘争のシャナナ=グズマン体制の確立。
1983年3月　インドネシア軍と解放軍が停戦協定。8月　インドネシア軍による停戦破棄。
1987～88年　政党を超えた解放組織 CNRM（マウベレ民族抵抗評議会）の誕生，シャナナが議長。フレテリンと解放軍が切り離される。
1989年1月　インドネシア，東チモールを外国人にたいし部分的に“開放”。10月　ローマ法王の東チモール訪問。ミサの場で若者たちがデモ活動。
1990年1月　インドネシア駐在の米国大使の東チモール訪問中，デモ隊と治安部隊が衝突。
1991年11月12日「サンタクルス墓地の虐殺」。
1992年11月　シャナナ，インドネシア軍に捕まる。
1996年　カルロス=フェリペ=シメネス=ベロ司教とジョゼ=ラモス=オルタ CNRM 海外特別代表がノーベル平和賞を受賞。
1997年　アジア経済危機。
1998年1月　インドネシア経済危機の深刻化。4月　CNRM が CNRT（チモール民族抵抗評議会）に改組。5月　スハルト大統領の辞任。約32年間続いたスハルト独裁政権に幕。
1999年1月　オーストラリア政府が住民投票を支持する声明を発表。

東チモール現代史年表

●ポルトガル植民地支配の時代

16世紀初めごろ　東チモールは複数の小王国から成り，中国人やアラブ人と白檀などの貿易で栄える。
16世紀　ポルトガル人との接触。
16世紀～17世紀　小王国間で勢力争い。
18世紀初頭　ポルトガル，チモール島を行政統治下におく。
1859年　東チモール（ポルトガル領）と西チモール（オランダ領）の人為的境界線が引かれる。
1896年　ポルトガル，東チモールを植民支配下におく。
1908年～1912年　マヌファヒ地方で地元領主とポルトガル当局との衝突（マヌファヒ戦争）。
1914年～1918年　第一次世界大戦。
1939年～1945年　第二次世界大戦。ポルトガルは中立の立場。
1941年12月　連合軍，東チモールに軍の駐留を開始。
1942年２月～1945年８月　日本軍による東チモール占領。
1959年６月　植民地支配にたいする武装蜂起，「ウアトラリの反乱」。反乱は亡命インドネシア人に影響されて起こった。ポルトガル当局による虐殺（500～1000人）で鎮圧。この反乱関係者は1974年にAPODETI（アポデチ，チモール・インドネシア統合民主人民協会）を結成する。
1974年４月25日　宗主国ポルトガルでクーデター，サラザール独裁体制の終わり。５月　UDT（チモール民主同盟），APODETI，ASDT（チモール社会民主協会）などの政党が結成。９月　ASDTがFRETILIN（フレテリン，東チモール独立革命戦線）と改称。
1975年１月　フレテリンとUDTが連合を組み，独立を目指す。８月11日　UDTの武装反乱，フレテリンと内戦。3週間ほどでフレテリンが反乱制圧。８月20日　フレテリン，FALINTIL（ファリンテル，東チモール民族解放軍）を創設。８月26日　ポルトガル政庁，アタウロ島へ避難。９月　フレテリン，ポルトガル当局に非植民地化の手続きを要

著者紹介

青山森人（あおやまもりと）
1958年生まれ，青森出身。1993年から東チモールへ通い続ける。
著書に『抵抗の東チモールをゆく』『東チモール・山の妖精とゲリラ』『東チモール・抵抗するは勝利なり』（いずれも社会評論社）がある。

写真はとくに断わりがないかぎり，筆者撮影による。

東チモール　未完の肖像

2010年５月20日　初版第１刷発行

著　者――――青山森人
発行人――――松田健二
装　幀――――桑谷速人
発行所――――株式会社社会評論社
東京都文京区本郷２－３－10
☎03(3814)3861　FAX 03(3818)2808
http://www.shahyo.com
印刷・製本――株式会社ミツワ

風の民

ナバホ・インディアンの世界

●猪熊博行

四六判★2800円／1306-2

会社を早期退職して居留地のナバホ「族立大学」に留学、工芸品造りを体験するかたわら、その豊かな精神文化、歴史、ことばを学んだ。見て、さわって、語り合った「ナバホ学履修レポート」。(2003・10)

大平原の戦士と女たち

写されたインディアン居留地のくらし

●ダン・アードランド／横須賀孝弘訳

A5判★2800円／0383-4

極限まで切りつめられ、鋭く研ぎ済まれた内容とことばでつづられたヴィトゲンシュタインの古典的作品『論考』。その「鋼鉄」の文体を、厳格な解釈に基づき、若き学徒が、初めて「詩」として新訳。(2007・1)

北米インディアン生活誌

●C・ハミルトン／和巻耿介訳

美本なし／四六判★3200円／0343-8

チーフ・スタンディング・ベア、ブラック・エルク、オヒエサ、ジェロニモ、カーゲガガーボー——。北米インディアンの戦士たちが自ら語ったアンソロジー。その豊かな自然と暮らし、儀礼と信仰、狩猟と戦闘など。(2000・5)

新サハリン探検記

間宮林蔵の道を行く

●相原秀起

美本なし／四六判★2000円／0366-7

日本人とロシア人、先住民たちが交易した歴史の舞台。190年前、未知のカラフトをすさまじい意志の力で探検したひとりの日本人の軌跡を追い、国境地帯にたくましく生きる人びとの歴史と現在を生々しく記録。(1997・5)

移民のまちで暮らす

カナダ　マルチカルチュラリズムの試み

●篠原ちえみ

四六判★2200円／1301-7

「人種のモザイク」カナダは1980年代、多文化主義を法制化し、多民族を包摂する新たな国づくりをスタートさせた。異文化ひしめく町トロントに暮らしながら、来るべきコミュニティの姿を模索するレポート。(2003・5)

[増補改訂版]

空の民《チャオファー》の子どもたち

難民キャンプで出会ったラオスのモン族

●安井清子

四六判★2000円／0359-9

ラオスを追われた山岳の民＝モン族の子どもたちと、日本人ボランティア女性とのタイ国境難民キャンプでの豊かな出会いの日々。吉田ルイ子さん推薦。エピローグを増補して刊行。(2001・1)

黄金の四角地帯

山岳民族の村を訪ねて

●羽田令子

四六判★1800円／0378-0

食・言語と多くの文化を共有する黄金の四角地帯——ラオス・中国・ビルマ・タイ国境の山岳民族。開発経済のただ中で、秘境に生きる彼らの暮らしもまた激変した。麻薬・売春ブローカーの魔の手がおよぶ現実。(1999・2)

ナガランドを探しに

●坂本由美子

四六判★1748円／0357-5

インド・ビルマ国境地帯にあるナガランド。ふとしたことで知り合ったナガ人の「アンクル」とその家族たちの優しさに触れて、彼らの語るナガランドに魅せられていく。(1995・12)